2019品质公益峰会·杭州撷英

陈碧红 主编

浙江工商大學出版社
ZHEJIANG GONGSHANG UNIVERSITY PRESS
·杭州·

图书在版编目(CIP)数据

2019品质公益峰会·杭州撷英 / 陈碧红主编. — 杭州：浙江工商大学出版社，2021.10
ISBN 978-7-5178-4679-6

Ⅰ. ①2… Ⅱ. ①陈… Ⅲ. ①慈善事业－杭州－文集－2019 Ⅳ. ①D632.1-53

中国版本图书馆CIP数据核字(2021)第198923号

2019品质公益峰会·杭州撷英

2019 PINZHI GONGYI FENGHUI·HANGZHOU XIE YING

陈碧红 主编

责任编辑 沈敏丽
封面设计 林朦朦
责任印制 包建辉
出版发行 浙江工商大学出版社
（杭州市教工路198号 邮政编码310012）
（E-mail：zjgsupress@163.com）
（网址：http://www.zjgsupress.com）
电话：0571-88904980，88831806（传真）
排　　版 杭州彩地电脑图文有限公司
印　　刷 广东虎彩云印刷有限公司绍兴分公司
开　　本 787mm×1092mm 1/16
印　　张 10.25
字　　数 188千
版 印 次 2021年10月第1版 2021年10月第1次印刷
书　　号 ISBN 978-7-5178-4679-6
定　　价 42.00元

编委会

主　编： 陈碧红

副主编： 项颖 徐心澳

编　委： 盛晓晶（杭州市志愿者工作指导中心）

付　婧（杭州市志愿者工作指导中心）

周　迪（杭州西子志愿服务发展中心）

黄前程（杭州西子志愿服务发展中心）

目　录
CONTENTS

主题发言/

青年演说家/

论坛总结/

‖ 领导致辞 ‖

公益组织是社会治理的推动力量

◎共青团杭州市委党组书记　马利阳

各位来宾，朋友们，暑往寒来，时隔两年，很高兴再次和各位新老朋友共聚一堂。

今天的会场高朋满座，气氛十分热烈，来自全国各地的人才相聚一堂，共同探讨公益事业与社会治理融合发展的广阔前景，彰显了全国品质公益峰会与时代同频共振的风采。我代表团市委对峰会的召开表示热烈祝贺，向远道而来的朋友表示欢迎，向关心支持杭州公益事业发展的社会各界表示衷心的感谢。

我们习惯把 2008 年视为中国志愿服务元年，这一年公益力量在全国各地兴起并发展壮大，直接推动了全国品质公益峰会的诞生。今年是峰会召开的第十个年头，回顾这十年来公益事业所取得的成绩，我们深深感到：公益组织是社会治理的推动力量。各级各类公益组织通过个体和其他社会力量的支持，促进了社会资源更加合理分配，有效弥补了社会保障体系的不足，为推动经济社会发展做出了积极贡献。公益人才是社会文明的时代新风，在污染精准防治、爱心助学、抢险救灾等处，身影时时都有。崇高的家国情怀和强烈的社会责任感抒写了一个个感人至深的公益故事。公益事业的出现与发展是社会进步的重要表现，公益事业越发展，社会越充满活力。开展全国品质公益奖的评选活动，充分展示了与时代同发展的创新精神，使推动社会治理、出谋划策取得了成效。

朋友们，党的十九届四中全会对经济和完善中国特色社会主义制度，推进国家治理体系和治理能力现代化做出了重要部署，释放出了中国知识应对时代之病的最强音，公益事业发展面临新机遇、新挑战、新任务。

公益组织要增强问题导向意识，向困难宣战，发现问题，寻找症结所在，更好地回答和解决社会治理中的现实难题。要提升破解难题能力，不断加强项目建设和队伍建设水平，创新项目形式。为社会治理提供实践案例，要加强社会氛围营造，为了时代进步，带动更多人投入社会治理，营造人人参与、人人尽责、人人享有的美好氛围。

前不久，杭州再次荣获“中国最具幸福感城市”称号，成为全国唯一连续 13 年获此殊荣的城市。同时宣布杭州是幸福示范标杆城市、历史文化名城、创新活力之城，生态文明制度更是有着 327 万名注册志愿者，3.2 万余个志愿服务组织。我们热切期盼更多的公益组织、公益人才协调发展，为这座城市的精神文明建设添砖加瓦。最后预祝本次峰会圆满成功，祝大家身体健康、工作顺利，期待各位在杭州多走走多看看，谢谢大家。

‖ 分享会 ‖

集结公益力量助推公益项目

◎浙江省妇女儿童基金会副理事长兼秘书长　邱哲

王老师、陈处及各位来宾，虽已参加过几次杭州的品质公益峰会，但今天看到这般庞大的数据，心中依然倍感激动。首先是庆幸自己生活在幸福感如此之高的城市；其次是感恩在这一公益蓬勃兴起的时代，自己有幸加入公益队伍，与在座的朋友们共同携手致力于社会公益事业的发展。

今天，主要是和大家分享浙江省妇女儿童基金会在此次活动中获奖的项目——康乃馨女性健康计划。该项目是以浙江广大女性的健康为出发点，旨在带动更多人参与到公益当中的一个尝试。项目共获得 4 次网络最佳项目奖，借此非常感谢组委会给予的荣誉。今天会议的主题是：如何参与社会治理。接下来我将就这一公益项目做简要介绍。

浙江省妇女儿童基金会成立于 1981 年，是由浙江省妇联指导、由市民政主管的 5A 级社会组织。近年来，在各级领导的关心下，基金会走上了快速成长的道路。基金会于 2014 年进行转型改革，现有专职人员 40 人，从 2014 年只有 1 名专职人员发展至如今 40 人的精英队伍。基金会开展的公益项目遍布浙江省的各个地方，在这些项目中，今天着重与大家分享的是“焕新乐园”。

下面这张图片，拍摄于浙江的某一乡村。不知大家是否有注意到照片的背景是孩子正趴于楼梯上写作业。这一幕恰巧被某一社会组织的伙伴看见，于是用镜头记录了下来。这或许是我们很多人不曾想象的情景，而在经济发展较好的浙江也会出现这样的群体。

当我们走进这些家庭时，发现在贫困背后，他们的居住环境也并不理想。虽经济落后，可为什么他们连让居住环境保持整洁的意识都没有？帮助一个家庭，让他们的房间变得舒适整洁，做到这一点对于社会组织而言并不难，但如何让这些家庭的孩子懂得维持环境整洁的必要性，从而让他们掌握改变周围环境的力量，帮助他们走出家庭迈向社会，才是最重要的。这也是这一公益项目的核心出发点。

2016年，浙江省妇女儿童基金会带着项目方案走南闯北寻找合作伙伴。功夫不负有心人，最终，项目得到阿里巴巴公益的支持，至此基金会开始践行这一美好而温暖的梦想。当时，项目方案的初衷是希望能够以环境改造为切入点，带动孩子心灵的成长，最终帮助他们走出贫困的代际传递，这是项目最真实的目标。

在公益项目几年的探索过程中，浙江省妇女儿童基金会实施了“焕新乐园”项目的行动模式，分为三方合作、三重介入、三种改变。众所周知，任何一个优秀的公益项目不应该在实验室里，而是应该走出去服务更多人、带动更多人、影响更多人、改变更多人。此时需要的力量是庞大的，如果缺乏这样的力量，任何一个优秀项目都无法长远发展下去。因此，作为一个公益组织，最重要的是了解怎样集结力量，即专业所在。

浙江省妇女儿童基金会通过传播以及推动政府的政策落实，凭借合理的构架，让所有人都在这一有获得感的项目设计中去链接更多的资源，所以“三方合作”这一概念，在“欢欣乐园”项目中取得了显著的成效。在此项目中，三重介入是解决问题的关键，这便是设计用户环境，让孩子们对改变他的生活环境有新的信心和期待。这也与项目最初的设计理念相契合：整个项目营造了一个大的社会环境，通过志愿者的长期陪伴，让这些孩子在精神层面上得到成长，最终使他们能融入社会，以此达到创新环境、创新成长和唤醒发展的目标效果。

近年来，浙江省妇女儿童基金会一直为“坚持服务，改变、影响更多人”这一目标努力着。“焕新乐园”项目更是焕新环境的一个成果，让志愿者们有了更多的获得感并体验到了改变。通过对几年监测的第三方数据的观察，他们发现，虽是小小的环境改善，却给孩子们和家庭带去了极大的安慰。就像日常生活中，我们可以想象，如果你今天穿的是一件新衣服，你就会自信一整天。同样，家庭环境的改善给孩子带来的影响，可能会成为帮助孩子树立自信的一个全新起点。

另外一个是“陪伴焕新成长”的效果。项目以环境改造和物理空间的营造为切入点，同时依托各地的社会组织，发动当地的志愿者并对其进行培训，使得志愿者能给予孩子们长期的培养与陪伴。在这一年里，志愿者们上门拜访9次，组织3次集体活动。通过丰富的活动形式，让这些孩子能够养成良好的生活习惯、卫生习惯和学习习惯，变得更加快乐和自信。这几年中，基金会志愿者们收获了太多孩子的成长，看到的不仅仅有孩子的笑容，还有他们背后每一位家庭成员的笑容。

在每个项目实施过程中，志愿者们都会去探索发现问题的根本所在。例如“焕新乐园”公益项目，他们发现，在浙江，贫困家庭的致贫原因多数为因病致贫、因病返贫，在这些贫困家庭中，共同之处是家庭结构不太完整，孩子们很需要有人陪伴，因此给予他们长期的支持、关注和爱，这也是项目重点。当然项目的成功离不开基层组织的力量，更离不开一批心怀美好、积极向上的志愿者们。项目执行过程中，通过培训当地志愿者让他们参与到项目的陪伴和服务中，提升自己的执行标准和执行力，练习自己在项目表达、管理、筹款方面的能力，通过项目的开展与其他小伙伴共同成长。基金会通过这一项目深切感受到社会力量能够很好地参与社会救助，这对于当地的组织而言尤为重要，这体现在志愿者们对当地地域的了解、文化的熟悉、捷径路程的熟稔于心以及没有语言沟通方面的边界限制。

公益的未来需要这片广袤的土地，若无基层组织的成长，很难在真正意义上把项目做强做好。今天发布的志愿者数据仅仅是中国的小部分力量，除此之外还有遍布全国无数的，不曾被记起过的力量。正是这些力量凝聚在一起，构建成社会，构建成未来；同时它也是解决社会问题的根本所在。社会问题在某种意义上是社会组织需求的，也是社会组织工作的一个方向，社会组织能补全社会现象的一些不足。近年来，基金会通过各条线的志愿者构建了一个完整的系统，解决当下社会发展中的若干问题。这些优秀公益项目的运营需要各个组织的通力合作，就似每个人都是一个肢体，让基金会、基层组织以及志愿者都能发挥作用，撬动更多人的参与需求、服务需求，从而使项目走得更远。

该项目论证了爱的集结。在短短两年时间内，基金会直接投入出资服务了 6226 户家庭，大家都知道这个项目是 1∶1 配资，很多地方政府也出资并记录基金会投入的部分。同时，在 20 个省 199 个县（市）发动了 11 万志愿者参与其中。尤其是在 2014 至 2017 年间，浙江省妇女儿童基金会与 227 家社会组织进行了合作。最重要的是，这些社会组织因公益项目而改变，2018 年，我们通过对 155 家社会组织进行的问卷调查，惊喜地看到了在整合项目、合作项目过程中各地的社会组织均得到了有效成长。

和中国其他 2000 多家社会组织一样，浙江省妇女儿童基金会一起致力于唤醒这种力量不断去改变世界，让美好发声，带动更多的人关注公益事业。

民营企业如何更好更强地参与社会公益

◎吉利集团社会责任部高级经理　叶万芳

提起吉利这个名字，众所周知的是吉利汽车。而如今的吉利集团经过30多年的发展，规模日益扩大。目前发展已涵盖5个子集团，经营产品范围也从单一的汽车产业延展到教、文、体等多个领域。从一个草根企业发展成如今的世界500强，除了与企业有序经营的传统理念分不开外，更重要的是吉利人一直将企业的社会责任心作为工作的指导思想，探索出一条有自身特色的发展之路，搭建集团自身公益体系开展公益项目，如在此次品质公益峰会中反响热烈的精准扶贫项目。接下来，吉利将着重以扶贫项目的内容为基点，进而分享民营企业如何更好更强地参与社会公益。

吉利集团开展的公益项目始终秉持着积极倡导正确价值观的主张，借助让世界感受爱为价值主张，聚焦教育和环保两大领域，辐射文化传播、赈灾助困以及人文关怀等领域；同时不断跨界创新以探索可持续发展的公益模式。2016年，为响应党和国家的号召，吉利集团启动了“吉时雨”精准扶贫项目。董事长李书福提出“生产基地建设到哪儿，就把精准扶贫工作开展到哪儿”的指导思想。自2016年起，吉利集团在全国10省20区开展了产业扶贫、教育扶贫、就业扶贫、农业扶贫及消费扶贫5大模块五位一体来推动精准扶贫项目。迄今3年来，已投入资金5.5亿元，帮扶建档立卡户达26000户，在全国23个县41个村启动农业项目30个，责任消费7700余万元。吉利之所以能仅凭一家之力便取得这样的成绩，是因为吉利人始终将公益之事置于心，落实于手。

作为一家民营企业，吉利经常思考如何参与到公益活动中，并有效开展以扩大其辐射范围。“在公益领域中，比直接捐赠金钱更为重要的是什么？”这点总会被企业所忽视。大部分企业认为捐款是参与公益的主要途径，对此吉利集团的观点却独树一帜。吉利将现有精准扶贫项目作为一项重要的企业战略，同时将之定位成党和国家赋予的政治任务，从而形成董事长亲自践行，社会责任部负责推进的组织构架，规划出短、中、长三个时期的项目执行方案。其中，短期是透过消费扶贫，通过就业盘活农村劳动资源，让扶贫更有深度，让消费更有温度，至今吉利控股集团已招聘建档立卡户4000余人。中期是在农村发展30多个农业项目，因地制宜帮扶贫困村，从而让贫困户生活质量得到有效改善。吉利同时注重教育，斩断贫困的代际传递，充分利用旗下5所学校的教育资源，帮扶建档立卡贫困学生12000余名。长期则是通过指定产业助力当地脱贫攻坚，充分发挥有市场、有管理、有资本及有技术等优势，整合资源推进扶贫项目持续进行。

此外，企业还积极盘点被帮扶群体资源，盘活贫困山区自然资源及人力资源优势，达到为我所用。在农业扶贫过程中，注重第一、二、三产业的融合发展，重视村集体经济，将当地传统农业升级为现代化农业；把建档立卡户培养成会劳动、懂经营、能销售的新型农户，发展成有技能、会操作、能持久的专业工人。

2018年底，吉利集团在黔东南雷山县开展了茶旅文化结合项目。经过前期的各项筹备，土建工厂于2019年3月全部完工并投入生产。项目组依据当地低纬度、高海拔、寡日照和多云雾的原生态特色，引进了现代化工厂生产茶叶，负责茶叶的生产和品控的把关等环节。结合第一产业方面教给农户茶叶的种植及管理方法，让农户劳有所得，从而推动第三产业终端的消费；同时积极整合社会各界力量，邀请业界优秀的专业人士——浙茶集团的专家前往雷山给农户进行培训，教授能够统一实行茶园管理的技能；引进国内先进的生产设备，将制作杭州龙井、九曲红梅等生产工艺带到雷山以开发新品种、增加产品谱系，甚至将其他扶贫地所产的玫瑰与九曲红梅结合，拼片诞生出现在广受欢迎的玫瑰红茶。

在雷山茶市场营销上，除内购外，还通过故宫、文创、上品公社、抖音以及网易等知名文化网络平台进行推广；同时借助吉利曹操专车用户这一资源优势，将长途出行的用户引入雷山进行实地探访，通过他们的购买传播形成新的营销体系。通过精准定位、精准推进、精准转型、精准连接以及精准营销，实现黔东南项目在雷山云间公司第一年盈利达到51万元的成绩。茶旅文化项目是该县“绿水青山就是金山银山”发展目标的真实体现，也是落实贵州开创群众富、生态美、多彩贵州新未来战略的生动实践。

常年来，吉利集团始终秉持着社会责任心参与精准扶贫工作，把党和政府的温暖和关怀以企业为载体精准地送到了千家万户。对于今后工作开展的方向，吉利集团将持续响应党中央、国务院的号召，集合更多公益伙伴为社会公益事业的发展添砖加瓦。

‖ 主旨演讲 ‖

志愿服务和社会治理

◎北京师范大学中国公益研究院院长、深圳国际公益学院院长　王振耀

尊敬的各位来宾：

大家好！杭州发出的善声早已影响了全国的慈善业，也在引领着全国的公益慈善领域。中国的志愿服务和公益慈善事业正处于高速的发展阶段。

全球志愿服务具有广泛性的特质。2016 年志愿服务被列入《中华人民共和国慈善法》，这一举措证实了慈善服务与志愿服务两者的关系是相辅相成、相互依存的，志愿服务是慈善服务的重要体现，志愿服务是慈善服务的基本内容。志愿服务的发展潮流创造了巨大的社会价值和经济价值，同时深度融入社会治理体制中。因为志愿服务能够建立起跨地区、跨国界及跨洲界的服务网络，所以未来发展的空间会更为广阔。国际有关专家在讨论“关于慈善能创造 GDP 数值，创造就业人员数量”的议题时表示，

慈善必须加上志愿服务，只有将志愿服务的小时数核算好，才能让社会真正认识到公益慈善是掷地有声的。

目前，全球慈善服务和志愿服务合计人数占人口总数的5%到8%，对于这一数值精确度的计算方法还处于探索之中。现在开展公益项目，需要的不仅是一种公益精神，产业要素也不可或缺，志愿服务并非可有可无。

法国、德国等欧洲国家不断升级志愿服务，将其升级至社区服务、国民服务乃至国家服务；它们的志愿服务是与整个国家制度紧密联合的。德国有法律制度明确要求，高中毕业后必须有一年的志愿服务才被允许进入大学。因此在北师大，我们可以看到有年轻的德国高中生在做志愿服务。而当中国家长面对这一制度时，相信大部分家长肯定会担心这样一来会影响孩子的学习。然而，德国并未出现志愿服务影响年轻一代的学习成效或是导致产业下降的问题。除了可在全球范围内做志愿服务外，还可以选择服兵役，将志愿服务与服兵役结合，从而将志愿服务上升为一种社会保障体系、法律体系。因此，在此类国家制度规范下的志愿服务，参与人数能达到成年人的20%以上，这一数据充分体现出全球志愿服务的格局及中国志愿服务在其中所处的地位。中国的志愿服务要赶超发达国家水平则必须明确国内哪些志愿服务还有发展空间可供挖掘，同时要清晰认识到以下几点：

第一是专业性。志愿者必须具备专业技能，应积极开展教学、救护等各种专业性的志愿服务，使志愿者成为在各行各业都能建立联系的专业化人才。在此过程中，要注意立项操作，每项志愿服务都在调查研究的基础上做到进一步规范化、法制化和国际化。

第二是志愿服务在中国有着巨大的发展空间。志愿汇是首个应用科技建立一个系统，一套评价指标，通过大数据的形式对全国各地的志愿服务进行评价的网络平台。未来要建立一个覆盖全国各个社区的系统平台，实现20%以上的成年人将参与志愿服务当作一种常态。在中国，老年人参与志愿服务的比例实际并不低，志愿汇大数据统计显示，75岁以上的高龄老年人数量高达100万。此前在上海参会期间，有遇到95岁的音乐指挥家在参与志愿服务，他表示自80岁开始便投身于公益志愿服务队伍中。因此我们应注意老年层面志愿服务的发展空间。此外，还需重点关注中国的志愿服务要与慈善服务及社会工作相结合，要能够创造5%左右的GDP，以证明可动用多资源和政府各个行业建立联系。

第三是发展中国的志愿服务。中国志愿服务的前景十分广阔，要将志愿服务和社会服务两者密切结合，并转化为常规性的专业化社会服务，则需将志愿服务全面融入基层社会治理体制中。要用找不平衡、找不充分的理念落实好此项工作。社会组织要善于发现角落中的志愿服务，包括养老服务、儿童照料、身心障碍及医患矛盾等问题，解决它们都需要将志愿服务引入体制性社会服务中。

再者如何专业化？首先社区细微问题存在普遍性，志愿服务组织要经常进社区，让社区感受到志愿服务的力量。其次，要将志愿服务工作分类。杭州已有20项类别，建议还可进行更为细致的划分，实现服务项目精准化、涵盖人群专业化，全方位焕发志愿服务精神。最后，建立系统化的培训，明确各类志愿服务的专业衡量标准。志愿服务做好事就要做专业化的好事，让好事可持续化、常态化。因此，志愿服务要积极参与有关行业活动，与各行各业建立长期联系，将专业服务和志愿精神结合到社会治理工作中，真正发挥志愿服务独特的引领和倡导作用。

慈善的创新发展与社会治理

◎浙江省民政厅社会工作和慈善事业促进处处长、
浙江省慈善联合会总会副会长兼秘书长　陈小德

尊敬的各位来宾：

大家好！此次参加第五届全国品质公益峰会，我的主题是“慈善的创新发展与社会治理”。

浙江慈善事业的发展离不开各级党委的坚强领导，离不开全省爱心人士与公益慈善组织的积极参与。党的十九届四中全会做出重大决定，即推进国家治理体系和治理能力现代化，把社会治理作为国家治理的一个重要组成部分，更好地构建起党委领导、政府负责、民主协同协商、社会协同、公众参与、法治保障以及科技支撑的社会治理体系。该体系是在不断认识发展过程中逐步完善而来的，增加了科技支撑，最终打造共建、共享及共治的社会治理格局。

党的十九届四中全会提出要发挥公益慈善作用，在整个国家治理体系和治理现代化过程中，强调慈善事业的地位和作用。首先，明确要求发挥第三次分配的作用，发展慈善等社会公益事业，从根本上确定了慈善事业在我国国民经济和社会发展中的地位。其次，要求统筹完善社会救助、社会福利、慈善事业及优抚等制度，将其归置于同等位置。再次，要求在城乡社区治理基层公共事务和公益事业中，广泛实行群众自我管理、自我服务、自我教育及自我监管的措施，就是将慈善志愿作为基层社会治理的一个重要载体。最后，明确提出建立健全志愿者服务体系，在慈善事业发展中统筹发展慈善与志愿服务。

起初民政机构是单一的慈善处，现改称为社会工作和慈善事业促进处。2019年机构改革将社会工作与志愿服务统归于此，因此要进一步统筹发展，推进慈善与社会工作和志愿服务融合发展，就要促进专业社会工作在慈善领域的广泛运用，组织更多的志愿活动，为整个慈善事业的发展助力。党的十九届四中全会、党的十九大确定了慈善事业的新要求、新目标。

浙江的慈善事业该如何在新时期更快更好地推动改革创新和发展？浙江一直是全国慈善最具活力的地区，究其原因是通过政策创制、机制创新、科技支撑及文化引领四个方面合力推动。

第一，通过政策创制推进依法行善、依法治善。2016年9月1日《中华人民共和国慈善法》正式实施，标志着中国慈善事业进入有法可依、依法行善的时代；政府积极推进慈善法律的贯彻落实，促进推动地方性立法的实施。2018年11月30日浙江在全国率先制定了《浙江省实施〈中华人民共和国慈善法〉办法》，同时对《浙江省志愿服务条例》进行修订；2019年浙江省委、省政府出台了《关于推进新时代民政事业高质量发展的意见》，将慈善事业作为民政企业高质量发展创新的最重要内容。以上这些举措不仅完善了浙江省的慈善法律法制体系，也为整个浙江慈善事业的发展奠定了良好的法治基础。由此可见，慈善事业的发展，离不开慈善组织的活跃、健康发展及规范管理等全方位考量。

第二，将积极培育发展有中国特色的现代慈善组织，作为慈善创新发展的重要手段之一。目前浙江省经各级民政部门登记和认定的慈善组织总数是789家，其中获得公开募捐资格的慈善组织有146家。但实际上浙江的公益慈善组织远不止这个数量，原因是并未对在基层活跃的公益组织进行全数的跟进与认定。民政部门在整个慈善组织的培育过程中，将如何更合理地布局一个现代慈善组织及规范化管理作为重点内容。

第三，发展互联网慈善。浙江省的整个志愿服务输出量之所以位居全国首位，是因为浙江有效借助了互联网发展的这一契机，诞生了如志愿汇此类集互联网+慈善+志愿服务的网络端口，为整个慈善事业的发展搭建了一个可供交流的平台。由此可见，公益慈善包括志愿服务要从两点把握先机促发展。一是立法。2018年制定的《浙江省实施〈中华人民共和国慈善法〉办法》和《浙江省志愿服务条例》提出了互联网慈善发展的模式。通过立法形式鼓励、引导、规范慈善事业，鼓励社会公众用电子支付或其他合法形式开展捐赠；同时动员社会力量以游戏形式参与慈善事业、互联网虚拟方式支持公益慈善。如蚂蚁金服、绿色植树等活动。二是在实践基础上积极探索互联网慈善基地建设，如建立起紧靠阿里巴巴的云海，快速搭建了全省首个“互联网+”公益慈善基地，即云上公益大脑，以及全省的慈善事业“马上办”服务系统。所有慈善项目资源和各类慈善主体从事慈善活动的行为均可通过此系统记录，同时将各资源进行有效配置和对接交流。

在十大社会服务过程中，慈善资源如何配置一直是有待攻克的问题。自然资源配置不合理，重复和浪费的低效现象屡见不鲜。诸如同一孩子可能在公益活动中获得四五个书包，这样便导致市场资源配置不合理和重复浪费；还有大量其他贫困对象如老人、流浪者需要更多的慈善服务，由于他们无法获得相应的慈善资源，因此不能及时享受对应的帮扶政策，此时将互联网信息对接引入其中就显得格外重要。

第四，进一步发挥互联网对慈善资源进行有效配置的直接载体作用。志愿汇在此方向已有了较为深入的探索，用户可以点击参与，甚至可自行组织一个志愿服务活动；周围的人也可通过平台找到相应的志愿活动和志愿组织。

第五，推进慈善信托领域的发展。慈善信托作为慈善活动的一个新兴领域，它的超前意识可能尚不被社会大众所了解，但简便灵活的特性确定了其超前的慈善活动行为。浙江省慈善信托所取得的数据统计成果较为理想，全省 29 项资金规模 9.96 亿元占总金额的 42.5%，比重相对较高，金额总量位居全国首位。其中数额最多的是鲁冠球的三农扶志基金，信托资金 6 亿元，出资额 16 亿元，估值却达 60 亿元。鲁冠球“三农”扶志基金从何而来？据相关知情人芦苇笛介绍，近年来鲁冠球一直致力于“三农”服务，将 9 亿多元资金用于“三农”支出。而第二代慈善信托负责人罗一平接手后优化输出型方式，通过投资、保持增值的方式进一步扩大资产。罗一平通过新型的方式不仅赚回了输出的 9 亿多元资金，还赚取了更多的利润。他表示，目前计划将万向全部 40 多亿元的股权捐赠用于万向公益事业基金，关于资金的具体投向基金会尚在规划中。

第六，优化慈善基地平台建设。即在县区域内构建一个集精准帮扶、组织、孵化、项目管理、资源配置、培训交流及文化建设等多种功能于一体的慈善服务平台。要求每个县建设出一个十大服务资金平台，以党建引领、政府主导、民政组建以及第三方运营的方式来呈现，同时加强治安组织的培育，以此助推当地慈善事业的发展。目前浙江省已在经济欠发达地区搭建了很多平台，如开化云和慈善精准帮扶基地，嘉兴南湖、江山慈善组织孵化基地等。目前全省已建立起 93 个慈善精准帮扶基地，实现了全省县市的全覆盖。

第七，推动社会共享脱贫攻坚的福利。该项内容的重点在于如何推动浙商慈善的融合发展。近年来，浙商企业积极履行社会责任，通过多种渠道参与慈善。一是传统的直接捐赠，将资金捐赠给慈善组织；二是设立慈善基金会，如阿里创立十几个公益基金，包括马云个人公益市场基金、阿里巴巴基金、支付宝及蚂蚁金服等；三是通过光明基金或项目在某个市场组织设立一个关于资金合作项目的方式进行。值得借鉴的是阿里构建的“互联网 +”公益平台，为其他企业价值观转型起到了创新引领的示范作用。在公益事业中，科技是支撑，但理念也不容忽视。浙商在企业变革中产生的理念，深刻影响浙江公益生态的形成和公益环境理念的改革及创新。

第八，弘扬慈善文化，培育现代慈善理念。自 2014 年一直延续至今的西湖论坛，以分析方式分享公益慈善的先进理念，弘扬慈善文化，为弘扬社会主义核心价值观做出贡献。2019 年会议以“慈善的创新与发展”为主题，提出了通过理念创新、组织创新、手段创新、项目创新以及治理创新助推浙江慈善事业的高效发展。对长三角区域的慈善发展进行探讨、对城市慈善发展做指数报告；同时发起成立了东西部扶贫协作联盟。以慈善微电影为载体，于 2018 年开展了用镜头记录单行慈善的微电影大赛。借助展播形式宣传了慈善文化，弘扬了社会主义核心价值观。

第九，推动慈善总会的转型发展，加强行业服务。慈善总会本质是单纯的社会救

助承载系统，是系统内部运转的一个组织，因此相对较为封闭。在2017年的改革重组阶段，慈善总会集中加快转型发展，并且做好传统救助募集资金的工作。在《浙江省实施〈中华人民共和国慈善法〉办法》中补全了慈善总会治安证，将行业组织以立法的形式嵌入各方慈善总会。可见推动慈善事业的发展需着重加强监督管理，将其规范化、有序化，以保证慈善活动、慈善组织及慈善主体的各类活动能够信息公开，实现公益事业健康有序发展。

浙江省推动各类慈善创新发展，最要紧的是加强党对慈善事业的领导，将慈善事业纳入党的治理体系和治理能力现代化中。要坚持慈善事业服务大局、围绕大局，适当地参与到脱贫攻坚当中；坚持以人民为中心的慈善发展理念，实现慈善为民、慈善惠民的发展愿景。

‖ 主题访谈 ‖

浅谈浙江省慈善事业的创新发展与社会治理的经验做法
第一阶段访谈

主持人：通过大家的介绍，我们了解到中国公益事业已呈现出一种蓬勃向上的状态。社会要良性运行，需要先导者的引领，社会公益者就是奉献型社会的引领者。志愿服务已成为衡量社会文明进步程度的一个重要标志。当下社会公益事业的发展，正处于一个良好的环境。在大力推进社会治理中，公益事业如何更好地参与其中？这类话题，将在接下来的高峰论坛中做一一探讨。

今天的论坛议程分为两个阶段进行。首先以热烈的掌声欢迎出席今天高峰论坛第一阶段访谈的嘉宾们，他们分别是北京师范大学中国公益研究院和深圳国际公益学院的院长王振耀教授，浙江省民政厅社会工作和慈善事业促进处处长陈小德，阿里巴巴公益平台代表吴菊萍，中国人寿保险公司杭州分公司企划部寿文涛和滴水公益创始人周伟。

第一位嘉宾是有杭州“最美妈妈”之称的吴菊萍女士。除了这个称呼外，菊萍女士还有“公益使者”的身份。能否请您结合在阿里巴巴公益平台所接触到的感触最深的项目，谈谈您作为一名公益使者在此过程中的体会？

吴菊萍：感谢李老师。2012年我加入阿里巴巴集团社会公益部，开始专职从事公益事业。我接触的首个项目是“魔豆妈妈”，它也是阿里巴巴集团公益的启蒙项目。它的起源是在2006年，一位单亲妈妈周丽红在淘宝网上开了一个叫“魔豆宝宝小屋”的淘宝小店。她身患绝症，独自带着五岁的孩子生活，但即便是在如此艰辛的情况下，她仍未放弃生活信念，反而愈发坚强地与病魔抗争。她表示，人不论处于何种境地，只要努力总是有希望的；她要给女儿留下一份精神财富。后来她离世了，社会上有很多网友被她这份坚强乐观的精神所触动，便自发帮她打理这个淘宝小店。如今十多年过去，她的女儿已成功考入大学，小店却依然还在；周丽红的精神被大家传颂。2010年阿里巴巴公益便开始着手此项目，起初淘宝网捐赠1000万资金给红十字总会，成立专项基金；在全国范围内寻找自强不息的困境母亲，为她们提供电脑、创业资金及淘宝店铺的开店培训，以期让她们有一技之长。

随后又开辟新的就业渠道，诸如淘宝的云客服等。顾客在淘宝购物时遇到问题后咨询，后台进行回复的可能就是这类居家就业的云客服。她们通过参与我们的线上培训和考核后进入系统，以电商为平台，居家通过远程线上参与工作从而改善生活。这种自强不息的精神在电商界很能感染人，激励了更多人去奋斗。

“魔豆妈妈”这一项目目前已帮助2万多位困境妈妈掌握融入社会的技能，就像一颗善的种子在互联网上发芽。当前，阿里在公益事业领域充当了排头兵的角色，推动了全员公益新时代的发展。阿里要求每位员工每年进行3小时的公益服务，希望每个人都能用善心去服务消费者，研发更好的产品，做更好的服务。

近年来因公司需要，我在杭州市志愿者工作指导中心挂职，其间主要是参与志愿服务模块的工作。刚才院长有提到社区是基层治理的基础环节，会出现很多矛盾，因此需要志愿者用更为专业的介入手段为身边的居民服务。一年多来，通过对杭州进行广泛调研，我发现志愿服务对专业技能的需要是迫切的，所以组建了一支讲师团队，专门为社区志愿者进行相关的基础培训，内容包括理念培训、垃圾分类项目及反诈骗等方面的知识。

主持人：今天菊萍的身份又发生了变化。在阿里时，您是一位公益项目的普通参与者，现在还有孵化公益项目的中坚力量的角色。王教授，刚才菊萍的介绍是否能代表杭州公益也如阿里公益一样从零到如今的壮大。您觉得作为一个公益组织，在参与基层，尤其是社区的整个文化发展过程中的优势体现在哪里？

王振耀：大家是否考虑过杭州或浙江在公益领域领先的原因所在？自人民大会堂用“最美”社会价值开始跨界到企业做公益，有政府与社会支持，并有在阿里的负责人员到政府挂职，国内其他地区暂时还不清楚。但在浙江范围内创造了一个较好的公益、商业及社会对接机制。前段时间访问英国，在与英国友人交流时，我说：“中国科技在古代发展算是超前状态，后来为何会被你们超越呢？”他们提醒说道：“中国人很伟大，但从事科技研发、从商及与社会对接的这些科学家、发明家大多数收到的仅为口头称赞，并无明确的奖励机制。而我国的牛顿在发明牛顿定律并出书后则立即被封为爵士。”

今天在会场终于看到了这种机制对接。社区治理一定是灵活的，杭州与浙江的社区治理和整个公益计划服务一定要向前看，这样的机制对接的确能对整个国家产生巨大影响。不过大家往往还只是将这样的经验当个案，而我却真实感受到一个机制的诞生。

主持人：十几年前，公益在很多地方的表现形式仅为口号；5 年前，杭州出现的“多界联动”一词，旨在推进整个城市全面发展，包括公益事业。刚有嘉宾在分享参与具体公益项目的过程中讨论到公益志愿者以及志愿者的优势，是可以发挥自身专长作为政府部门的补充，某种程度上它起到指导和监管作用。例如在国家和城市推进工作过程中，政府充当了翻译的角色，具体事务需要社会力量去实际推进，目前则是要大力推进社会治理。陈处，若从政府部门的角度谈谈社会要发展，志愿服务组织的优势具体体现在哪里？

陈小德：在中国，社会治理是在党委领导下，需要政府、社会及企业各方共同参与社会管理事务的服务，如此才能保证在社会治理全程中与社会主义相结合。在整个社会治理中，公益慈善组织是重点所在。改革开放40多年来，国家的经济发展在社会主义市场经济发展过程中取得了非凡成就，但在社会意识领域相对滞后。

党的十九届四中全会提出，要推进国家治理体系或治理能力的现代化，要特别加强基层的社会治理。众所周知，公益社会组织在活动开展过程中都是自愿、无偿及非营利性的，是由衷地在做公益，对社会提供积极向上的正向引导。因此公益社会组织、志愿服务组织在参与社会治理时优势显著。例如周伟的滴水公益项目让人格外关注，其中乡村振兴这个项目自2016年实施，于2018年进入全力探索阶段。

周伟：作为将乡村振兴落实到村文化发展的先行者，我们从2016年、2017年便开始探索。滴水公益起初是一个草根社会组织。从2006年成立至今，实施的是基层志愿服务公益项目。在与社区街道对接公益项目时得知，同样的公益项目，在城市中会有很多公益组织推销具体功能和产品，于是我们就开始探索，发现如杭州这样志愿服务发展较好的城市，对社会组织的需求越来越高。基于此，我们考虑像滴水这样的草根组织，是否需要重新回农村看看，看看是否有需要我们的地方。2017年，我们与杭州市民政局走进了第一个乡村——淳安姜村，在那里我们工作了一年多的时间；紧接着第2年是建德桂花村；现在第3年是建德的李村村，参与到当地的乡村治理探索中，不仅对乡村内部文化进行梳理，还培养当地的志愿者队伍。农村对志愿服务和社会组织理念是较为陌生的，但他们有“一家有难，全村帮忙”

的优良传统。如今经济发展加快，城市高楼林立，像村社中这样的良好氛围反而越来越少。部分乡村存在空心村的情况，在面对留守儿童问题时，没有对应的解决渠道，因此在乡村成立志愿队就尤为必要。根据兴趣爱好或专业特长，培育、孵化它们成为社会组织，再到民政局备案登记，这样就能开展常态化的公益活动。通过公益活动再回馈自己村的村民。

主持人：周伟刚才讲到，农村具备良好慈善文化和传统文化的先决条件。它由于城市化的进程步伐，面临人口流失的现状，但仍旧是公益的服务对象。因此滴水公益于后期成立的志愿者队伍，与起初“一家有难，多家来帮”的助人为乐行为或许是存在区别的，王教授您认为呢?

王振耀：这意味着乡村社会结构文化的内涵，在向现代化方向发展。尤其近些年，需重视的是重新发现中国，给我自身带来的冲击很大。2013年我在欧洲开会时提出，中国公益慈善普及可能仍需很多年。当时一位以色列教授说：“王先生，请永远不要对中国失望。”我问道：“你说有哪个民族对待犹太人能好得让他忘了自己是犹太人？”刚才滴水公益的探索就与此事一样，不要认为农民文化水平程度不高、“老外”就会忽视，农民身上有许多引领文明的优势，如邻里互助、社区精神等。我接触过世界各地不少人，他们都说羡慕中国人，因为在海外，只有通过教堂、学校才可将基层力量凝聚起来，而中国一个村庄社区就有这股凝聚力，这是中国独有的文化特色。在现代转型时期，浙江省自发地与国家整体战略相结合，到农村开展公益，用现代专业和过去传统实践有机对接，这点值得借鉴。

从深层次伦理来说，以往“一家有难，多家来帮”是一种爱，如今成立的志愿者组织变成了责任。因为在组织化、专业化之下，国家能将公益架构和制度建立得更为完善，从而激发出它的力量。汶川地震时，我作为民政部救灾救济司司长，深切感受到80后在中国历史舞台上最华丽的亮相，就是在汶川地震的志愿服务当中。包括现在年轻人不断开拓的进取精神，在创造文化的同时也新增了一种经济和社会的全新格局。

主持人：陈处长，您所在的岗位是民政厅社会工作和慈善事业促进处，社会工作在前，慈善在后，理解起来是社会工作更具有一种现代性，而慈善事业是中华民族传统文化和现代文明的结合。通过刚才周伟的介绍，以及王教授的分析，会觉得在推进公益组织参与社会治理过程中，公益组织内在文化与现代转型显现良好态势，应该就是公益慈善组织包括志愿服务。

陈小德：公益的主战场应该集中在社区和乡村，社会组织必须将明确社会需求置于首位。社区和乡村对公益市场的需求是最大的，要培育志愿者的服务意识。刚才滴水公益到农村中去，将农村的公益市场服务培育发展起来，也是对乡村振兴的莫大推动。

社区作为主阵地，应对他们进行鼓励，政府更要发挥引导激发的作用。社区原称“居民区”，后改称“社区”，为了加强发展社区建设，政府也完善了相关的组织架构配置。如今，自公益志愿服务加入社区建设中后，这股力量日益壮大，因为其中注入了公益志愿的专业化、强烈的责任感及爱心。公益慈善组织参与社区建设，依托社区平台，将引导更多的公益慈善组织进入社区从而辅导工作。

此外，要在社区层面培育更多社区自身的自我服务、自我管理方面的志愿服务公益组织，通过联动互动将整个乡村及社区相结合，同时加大鼓励我们审议的基金会，包括各级慈善总会资金主战场。要培育社区公益商城与联动人力资源，则要将慈善的服务理念嵌入最重要的组织。此前，邱秘书长分享了将公益慈善组织全部结合起来才能形成品牌，单纯依靠商家一方则会势单力薄。

主持人：这几年中国人寿在公益慈善方面也做了大量工作，主要是在有天灾人祸的时候，践行了企业的社会责任。

寿文涛：刚在演讲时，我便提到作为企业，在参与公益慈善时应有效发挥行业优势。中国人寿作为保险公司，在近几年的慈善公益项目中发挥自身优势的案例有很多。如在汶川地震中，企业通过自身的慈善基金会开展公益慈善活动——“爱心助养地震孤儿”，该项目共收养 1104 名地震孤儿。自 2008 年汶川地震起，

每个孩子每个月可领取600元生活助理金，直至年满18周岁止。截至去年，该项目已出资约4700万元。

此外，中国人寿每年亦会举办爱心夏令营活动，将地震孤儿从家乡接到北京或上海，以期在经济支持外，不忘给予情感上的关怀和陪伴。

再分享一个案例，我们地市公司也在积极探索关于如何将慈善工作、慈善事业和日常工作更为有效地结合起来。曾与浙江省妇女儿童基金会合作过“圆梦助学”“亲情家书”两个项目。项目启动时，我们邀请凤阳基金会的老师前往现场进行宣传，呼吁员工和营销人员现场捐款，活动共收到捐助资金100余万元。在活动开展的后两个月里，全省5万多名业务员在日常拜访工作中，亦积极向客户宣传这两个项目。通常业务员每月拜访的客户数量约为10至30位，通过5万多名伙伴营销员的宣传，从而让更多的人了解到公益的理念。通过此次活动，我们希望大家认识到慈善捐款并不仅仅是金钱的赠予，同时也让参与公益慈善事业的理念在群众中得到广泛传播。中国人寿在全国有上百万名营销员，浙江有近6万名营销员进行日常交流，杭州有2万人交流，日常的工作就是进社区进企业同客户见面，若在日常工作中能够与慈善公益结合起来，将是一件极具意义的事情。

主持人：王教授您从北京而来，通过阿里要求每位员工每年需保证3个小时的公益时长，以及寿总分享的中国人寿近6万名营销员在日常拜访的同时传播公益志愿的理念这两件事，您是否认为在浙江地区已形成公益、志愿及服务这样一种风尚？

王振耀：公益志愿是否已成为一种风尚？我的回答是肯定的。但此番评价仍不足以概括它的全部，为何这么说？在刚才的分享中提到汶川地震，灾害发生后，我在福利慈善司民政部任司长，参与了中国人寿关于孤儿救助金标准的圆桌讨论。这一标准如果高了，对其他孩子会产生怎样的影响，低了也不合适，最后我们达成600元每月的统一标准。几个月后，国家政府将600元每月定位为全国孤儿的救助金标准，也就是今天的全国孤儿基本生活保障标准。所以十几年前此事就是一个引爆点，一颗爱心为全国的制度建立起到很好的引领作用，从而促进并完善了制度体系。因此现在这不仅是风尚，刚才讨论的案例事件引领全国各种体制、制度的转变也是要祝贺的。

主持人：我们也要感谢王教授给予浙江公益界如此之高的评价。浙江通过以点带面的形式，在诸多领域的发展都处于超前状态。今天现场也邀请到两位大学生公益志愿者代表，他们来自浙江工商大学。其中，张向坤同学是校志愿者协会的成员，同时也是杭州市大学生志愿讲师团项目中的一名讲师。

浙江工商大学志愿者——张向坤：大学生志愿讲师团成立于2016年，是在G20杭州峰会背景下应运而生的项目。大学生志愿讲师经过礼仪培训达标后，进入各个社区进行礼仪宣讲。在此过程中，不仅对社区成员进行了宣讲，还提高了自身礼仪素质。近三年来，我们在杭州市已举办数百场“又一讲堂”，并且获得了群众认可，有了一定的社会影响力。“又一讲堂”激活了原本古井无波的志愿服务流程，使每位参与者更具动力和活力，更重要的是，在公益过程中将每一位被服务的对象都转变成公益的传播者。

浙江工商大学志愿者——金秋月：各位来宾，大家好！我是浙江工商大学志愿者协会的金秋月。在本次讲师活动中，首先接受了基础的培训。其次在与居民接触过程中，他们非常热情地与我们互动，表示非常乐意参与，因为活动让他们受益匪浅，掌握了工作和日常生活中的基本礼仪知识。

主持人：相信通过参加此类活动，同学们既能感受到社区志愿者的热情，同时也能体验社区的文化生活。今天来到现场的还有来自上城区委党工委的倪燕燕书记。此前大学生到社区服务，您是负责人，您能否简要介绍下大学生公益组织进入社区活动，即参与基层社区治理的价值点体现在哪些方面？

倪燕燕：我曾在上城区的小营街道任职，2016年为迎接G20杭州峰会，我们也提出了内外兼修迎峰会的理念，为更好地开展此项工作，社区邀请了大学生为社区志愿者进行礼仪授课。我们社区志愿者成员构成以退休老人为主，他们时间充裕，求知欲强，同时热衷于公益。但以往在社区举办的讲座，都是侧重于老年人的健康、安全等方面知识，课堂上缺少互动，因此很难调动起大家的积极性。在引入大学生礼仪方面知识的讲座后，他们觉得很新颖，并且也是需求所在。在讲座中，虽存在一定的年龄差，但学生的年纪与他们的孙辈相仿，因此沟通基本良好。

在培训前，大学生讲师在课前做好教学准备，在讲课过程中也会注重将老年人的日常生活与礼仪内容相融合，注重互动。再结合日常生活中的情境设计小游戏，增强培训的趣味性，老年志愿者们参与其中收获颇丰。该项活动对社区的礼仪提升有重大意义，它激活了退休群体对文化的传承，这也是在学习型社会适应活到老学到老的体现。

主持人：志愿者认真学习文明理念的意义在哪里？我们都在强调家庭教育的重要性，是因为家长们能够给孩子们带去良好的文化传承理念。

现在杭州的志愿服务项目已渗入基层社会治理中，不仅是城市社区，乡村社区也在日益壮大，而它需要的力量更多。很多公益项目在担任先遣部队的角色，即先发现社会需求再进行实验。试点成功后，再将它制定为政府的一种政策制度开始实施。如刚才谈到的留守儿童每月600元的救助标准，就是通过这样的项目制定的。在接下来的乡村振兴过程中，需推进乡村现代化发展。目前是三个村，但杭州有数百个村，所以只要在衔接上成功了，就可快速推进此项工作的进程。

陈小德：本次会议的题目是公益慈善组织参与社会治理的作用。公益慈善组织要更积极地发现问题，做到切口小，而后将其放大，进而在全国产生影响。

邓飞的免费午餐项目大家都有所耳闻。用“柔软改变中国”这句话让免费午餐项目最终上升到了一个国家的战略——营养餐。此前分享的孤儿养育标准，因为我曾从事过儿童福利工作，机构里的孤儿养育标准是1000元，社会渠道转入的最低标准是600元，这就是来源于民间力量的参与。包括刚才邱哲谈到的“焕新乐园”项目，现在也将整个浙江的低保儿童居住环境改造，升级至民政工作社会救助的一个重要组成部分。同样在嘉兴，关于儿童以及老人的项目都有一定数量的基金会在跟进，如温州的基金会在开展为老年人安家的工作。所以每一个微小的善举在经过坚持与努力后，或许都有为推动整个中国慈善事业的发展献上一分力的可能。如滴水公益项目，政府看到了行动的力量，相信之后也会将此类模式加以复制，从而形成推动整个乡村治理的重要力量。

第二阶段访谈

主持人：姜总，涉及的公益项目，不仅是刚才谈到的关于头衔的部分，也有很多是涉及推进者单位的代表。现在浙江与香港都拥有媒体，通过媒体是否能更让你从这几个角度推动多领域的公益项目发展呢？

姜贤正：一直很想邀请王院长为浙江慈善业做指导工作。通过刚才的聆听，也很想给王老师提个建议。例如深圳国际公益学院，就可以将浙江省的案例进行深度的研究或整理成资料，再进行对比参考。

我是《都市快报》的工作人员，作为一个媒体人，刚才所说的免费午餐项目是我们与政府一同参与的。今天的会议主题是“基层公益社会组织的推动作用”。从媒体角度看，媒体与公益本质是在一起的，这是第一点。第二点，在此过程中，我们一开始充当的是公益领域的观察者、报道者和传播者的角色。在观察中发现，中国最大的问题是工业需求量非常旺盛，尤其是经济发展到现阶段。刚才也提及志愿者，未来志愿者人数一定呈爆发式增长的趋势。再者，中国在该领域的专业度偏低，所以就形成了一方面需求旺盛，另一方面专业度低的现象，这既是机遇也是挑战。这个现象不能慢慢转变，可以自行去开展公益项目。例如我们做了二十几个“高大上”的公益项目，在媒体界并不多见。像免费午餐，与邓飞其实是同一品牌，但整个操作与他完全是脱开的。其实多年前我们便开始此项目，并在项目结束后，了解了国内在此领域的痛点和需求点。因此放慢节奏后，反而容易对项目形成自己的评判标准：

第一，项目一定要为中国解决某个社会问题提供整套或创新的方案。

第二，能否吸引更多的社会力量加入并参与公益项目。在公益领域一定要“高调”，要将自身的理念、做法、模式及时展现，从而让更多的人参与进来。若未能做到这些，那该项目一定是不成功的。因此后续所有项目我们都是围绕它开展的。

2014 年，整个媒体行业发展势头良好，全国媒体都开辟出一个新部门叫公益部。那时大部分人都有疑惑：做公益慈善是需要花费金钱的，那么盈利从何而来？花钱是对的，那为什么就判定做公益没有回报呢？所以怎样让机构实现可持续发展是所有公益组织和机构都面临的课题。

这几年在开展公益项目后，我们认为应该尝试打开另一个赛道——做战略慈善和公益金融。为此我们专门前往国外几个公益学院学习如何将资本向上的力量引进来，使用金融工具将它运用好。如去年开始的三个公益进化史项目，从价值观到方法论，浙商在此领域的思考和方法论，包括吉利等都是我们研究的对象。诸如此类的益处是可将更多的可持续发展社会力量引入进来。随后，还邀请马卫华行长、永光老师前来分享和指导。目前整个浙江已逐渐形成一个从商业角度开始走向解决问题角度的转变。

主持人：对于此种做法是不是应该给予热烈的掌声？我们都说记者比较敏感，擅于发现社会问题。浙江的媒体人已不满足于坐而论道，当在推进过程中发现问题还是没有得到解决时，他们付诸行动，这是浙江媒体人身上的一种特性。

王振耀：媒体人自己在身体力行地倡导公益项目，这一特性在全国和全世界是独一无二的。世界媒体人普遍是批评报道完后，接着是不停地挖掘负面引爆点。如果一个媒体很关注老百姓日常生活中的矛盾，并为之探讨出几种解决方案，向社会各界传递各种有分量的信息就相对容易，最终形成巨大的凝聚力，这就是积极发挥媒体聚焦的功能。待将来总结经验时，要有意识地注意到《都市快报》的这种转化力、凝聚力、倡导力。对媒体，有史以来第一次听到如此有意义的评价。当下大家都认为纸质媒体不行，要都有像《都市快报》这样的行动力，想必也能引领全世界媒体的转型升级。

主持人：改革开放以来的对外开放，都说要向先进的经验学习，而今天浙江的媒体界就是从坐而论道到自身去实践和解决问题。这样的一种行动力，某种程度上是为世界的公益慈善事业提供了典型案例。

姜贤正：我们自己在做一些探索时确实感受到了价值，团队的成长很快。它链接了更多的资源，总结得出公益慈善是链接社会资源最大的一个公约数，如何转化公约数是很值得研究的。浙江整个慈善生态和公益慈善发展呈现的良好态势与政府开明务实的执政风格和创新的理念是密不可分的。

主持人：王理事长也投身于公益事业很多年了，特别是他创办的志愿汇。志愿汇本是杭州的一个互联网平台，如今发展成全国志愿者聚集的平台，从杭州走向全国并为全国的志愿者服务。

王跃军：其实在创办志愿汇时，品质公益峰会承办方杭州市青年公益社会组织服务中心是主要的线下平台。在整个互联网发展如此蓬勃，渗透到社会生活方方面面的时代，我们是否需要用科技和商业的力量为公益赋能，这是当时研发志愿汇平台的初衷，今天将它作为志愿汇平台的使命。赋能公益是一个毕生的使命，也是我个人要为之奋斗的使命。

公益，可以将它作为一个事业或一个业态。一个业态需要形成自身的一种生态——自身生态，因此在生态环境中有的需要做项目，有的需要直接参与志愿服务，但也需要有一些搭台和幕后送水的后勤。整个志愿汇平台也好，杭州市青年公益社会组织服务中心也好，品质公益峰会已整整坚持五届，希望每届都能让前来参会的公益伙伴有所收获、有所得。

王振耀：这个世界正是因观念和想象力而改变的。特别是前段时间提出的想象力，也不弱于生产力。没有想象力就永远停留在表面，想象力能开阔视野，形成独特的发展链条。用朴实的话来讲，做志愿服务的也需要有端茶送水的。大家想想，端茶送水还需要什么？需要生产茶，还需要烧锅烧水，一连串的资源，这便是志愿服务的链条。中国志愿服务下一阶段的专业化就是要打开这一链条，因为没有链条就无法深入走下去。目前的志愿汇是很大的公益平台，志愿汇自身也需要服务，让更多志愿服务组织自觉地、有意识地与它对接。在技术方面，它赋能我们，我们也需要赋能于它。这种以志愿汇的智慧来推动志愿服务可能还会使中国产生科技志愿服务方面的奇迹。用科技、大平台和网络做各种各样的评价、链接、倡导和引领志愿者服务，在全世界还是先例。往往我们都习惯于两种：政府和行业或者是办一些大赛，不会想到科技大数据会生成什么，这是志愿汇的高明所在。

志愿汇把中国的志愿部由原来的 1.0 上升到了 2.0，将来汇聚而成的可能是全国的一种公益志愿精神，也汇聚起可能是邻里互助到互联网的全国范围内的邻里性互助。平台本身对中国慈善和公益推动慈善领域是强大的法律约束，目前我国正需要这样的平台。马云的阿里给商业提供了方便，希望公益组织和志愿汇也能给志愿者提供这样的平台。

王跃军：在思维上，努力地学习整个社会发展进程中最先进的理念和方式方法，因此可将志愿汇当成公益淘宝。淘宝上有买家和卖家，志愿汇卖家就是志愿服务组织，买家就是志愿者。下一步很多地方县级政府开始联系我们，咨询是否能再去链接服务对象；也就是服务对象有需求，服务组织有响应，用平台满足相应的用户需求。在线下平台转化到线上平台后产生新的需求。例如平台上有 22 万个活跃的志愿服务组织，在座参会的组织绝大部分都缺乏资金，从生态往上延伸，再去链接资金端，在资金端的链接上，除平台上现有一个外，未来还会有一个众筹功能。同时已和金融系统搭建起链接，形成一套志愿服务组织和志愿者的信用评价体系，就像阿里体系的芝麻信用和支付宝。

公益组织也有自身的支付体系，有公益的玫瑰信用分，还有公益自身的爱心传播介质“益币”。在此，我再次慎重地向大家强调，“益币”不是一个平台的积分，它是一个公共产品，是一种标准，我们只是将它用作一个比较简单的标识来进行选项分析。

姜贤正：志愿汇这一项目起初构想便很好，听完介绍后更加笃定没有难以开展的公益项目。另外，因为今天主题是志愿者，那志愿者最大的价值是什么？内在驱动在于我愿意，个人认为愿意这个事应分两点：第一就是内心愿意，但不知道该如何表达；第二，更重要的是，成为愿意做事情的志愿者，让他知道接下来具体应该怎么做。这是一个非常专业、庞大的工程。我觉得有很多内容都可以往里填充，包括我们讲的影响力投资资本，这样才能够可持续地开展公益项目。所以我觉得志愿汇就像中国公益界缺乏的基础建设设施，基础设施工程人人都应该掌握。而公益志愿经济发展到此程度，人人都是志愿者，这就是机遇。如果不发展经济，贫穷就会限制想象力，没办法了解世界上更优秀的事物，也不明白如何去执行。另外，富裕在一定程度上也会限制人的想象力，社会上仍有需要帮助的人，还有很多社会问题未能被看到。我们要把向上的想象力缺乏和向下想象力缺乏串联起来，这是很有价值和宏观意义的。

王振耀：刚才做主题报告时提到中国未来的公益发展潜力是 2 亿，GDP 是 5%。这一次的互联网公益事业的发展与原来的产业区别不一样，起初产业边界清晰，现在坐飞机到杭州参加会议不用付费，这成本怎么算？这意味着一个新的社会价值的产生，我们称之为善经济。

志愿汇调整体制容纳全国几十万的客户，因为他不仅仅是客户，也是股东。我们的专家学者都要像《都市快报》一样创造一种新的理念。通常 20% 的人经常性地参加志愿活动。如果志愿汇起来，预估先增长 10%，主要是对世界公益、世界慈善有这样一种科技在做巨大的提升，目前看还未出现对手和参照物。

王跃军：刚才姜总提到的一点，“人之初，性本善”。人人都有善念。现在志愿汇让我们非常方便地将善念转化为善行，让善行转化为善习成为我们的习惯，再从善行进一步提升善念，以此形成一个从善的循环。

陈小德：作为政府部门，对公益慈善领域及对其他事业概括出三点就是可以发展、监督、管理。

刚才谈及社会组织培育，政府该如何来培育和扶持？政府部门一定要有善于发现亮点的能力，民间公益极具活力和创造力。将优秀经验通过政府的政策制度推选出来，并加以固化是重点所在。总之，浙江整体公益慈善的发展要通过制度化、法律化进行宣传推广。浙江省专门用立法形式提出要鼓励互联网，一定要将这些好的经验和做法共享且固定化。政府的主要职责是主动宣传、引导激发各类主体参与到浙江省的发展中。

‖ 分论坛 ‖

夯实基层基础·助推乡村治理

主持人：这位是鲁家田村的第一书记张卫峰，两年前我看到他的时候，他一脸兴奋地在村里面跟我规划他的宏伟蓝图——什么时候越野车要过来，什么时候茶树茶林一定要种起来。他对我讲了他心中非常多的对村子未来的规划和期许。那时候我和他说，咱们这个村有了你一定能做好。有请我们的张书记。

张卫峰：自我介绍一下，我是杭州的一个扶贫书记，我们杭州实际上扶贫对接了36个城市。现在杭州也有相对来说贫困一点的村，所以我今天给大家汇报的就是个人感悟，可能我讲得不一定很对，跟大家的角度会不一样，讲得不对的地方请大家批评指正。总体来讲，我对乡村扶贫的理解就是“扶贫”是最主要的任务。

我两年来做得最多的就是把冰冷的板凳坐热了，坐热以后很多事情都好办。为什么要这么讲？目前我们一个乡村也好，包括一些政府的组织行为也好，大多数没有给老百姓压力，反而让老百姓更好地读懂我们的一些政策。我在这里努力做了几件事情，一个是了解村民想什么和要什么，另一个是了解他们在种什么和有什么。老百姓家家户户到我们官方做了个统计表。

老百姓做的所有事情，种田也好，其他也好，我都做过了。因为我要指导他们产业发展，我就必须要对上下游都了解，包括这个茶叶也是一样的，茶叶的所有生产加工步骤，到最后的销售，我都去研究，包括枫叶、中草药以及后来所有的产业，我都要系统地研究，我们必须知道应该怎么去做，做了以后才能更好地指导他们。

为了更好地融入他们的生活，第一个办法是给他们剃头，因为我去了这个村以后发现我的头发很脏，这里不少村民的头发也都乱糟糟的。他们说理发要到镇里去，我们到镇里开车要40分钟，那么老头、老太去理发就很不容易。村里847个人，60岁以上的总共212个，大部分都是50岁以上的人，50岁以下的没几个。真正常待在村里面的大概230人。人数不是特别多。年纪大的人出去理发，一天时间都花在坐公交车上了。所有农活都是这些人去干，那么他去理发了以后这个农活就落下了，因此我们必须尽量多解决他们生活方面的问题。第二个是，我们在这里，要十分注意自己的形象。我们在这里不吃饭、不喝酒、不抽烟，为什么这么讲？我们村里面年初的时候，土猪肉特别好吃，村里养猪的人不是很多，大概有 1/2 的人养猪，100 来户人家，猪也不是很多，每家养一到两头猪，都是给小孩子吃的。要做杀猪饭，在家里面是比较隆重的事，所有亲戚朋友都会来吃，他们总是喊我一起去吃，我说不去。这个饭我认为不能吃，因为我是一名老党员，也是一位村主任。今天去吃了，你家养猪，隔壁家可能没有养猪，那么明天就去买猪肉请我吃饭，到最后可能每家都要去吃饭。因此哪一家我都不去。村民内心是希望我们去吃的，但是村干部不能去吃吃喝喝，这是必须遵守的纪律，是要一直坚持的。

第三个是观察孩子，我曾给村里的所有“80 后”“90 后”建了一个群。我特别重视微信里的这个群。我在群里面主要是报告村里新发生的好消息，另外一个便是做好天气预报工作，不论刮风、下雨、下雪，我都会提早发出。家人想念孩子们了，我们便将家里人关心他们的照片、对话发到群里面去给孩子们看，让孩子们安心，主要的作用还是让他们安安心心在外面创业。

另外，我们的文体活动也在慢慢开展起来。最早看到的是跳广场舞。我们村的大妈、大姐广场舞跳得特别好，我就给她们买了服装，让她们在文艺晚会上跳，村里的风气问题也有了改善。

我觉得对乡村治理来讲，讲的就是一个核心，核心就是我们的党组织。党组织是心脏，我们的村干部就是筋骨，老百姓是血肉，只有将这三者有机结合，村庄治理才能搞得好。我刚去的时候没有技术资料，所以我用了将近两个月时间，把所有的规章制度建立起来，把每家每户的基础资料建立起来。

老百姓最开心最幸福的就是摘茶叶，因为我们的茶树都种在海拔 1000 米的山上，所以产业做得很好。我们觉得整个红茶产业可以长一点，于是开始做工厂。后来这个工厂成为我们的一个党建基地，也是我们的工业基地。基本上就是这些内容与大家分享，谢谢。

主持人：一个公职人员，他目前所关注的是他们县里面唯一一款他觉得可以深挖的一个农场农产品，他对这款农产品非常有感情。我们接下来欢迎柚子大叔，给大家分享一下他和农产品“一个文档”的故事，谢谢大家！

柚子大叔：首先谢谢前一位老师分享的内容，我也是一名新农人。在这里我给大家分享的是过去从事的农村工作，我讲的是乡镇新田园模式当中的产业规划、半年规划，规划是规划设计，这也是大家的一种设想。像刚才张书记所讲的，进农村扶贫，农民受益，很多东西我们愿望都是很好的，但是我们的专业产品生产出来，市场的接受度不同，最后真正到农民口袋里的，是存在差异的。

我们这里有一个海岛——玉皇岛，是14个海岛县之一，这个岛是其中经济条件最好的，但是它的人文沉淀比较弱。还有一个村叫作山里村，曾在早几年前被打造成浙江省美丽乡村的一个代表，去年有个台风登陆之后，损失很惨重，花茶、油菜花、薰衣草草场，今年全部没有了。乡村项目的直接投资人损失是很惨重的。这一点我就不再多说。在我们的海岛上，每年的这种自然灾害是很多的，今天因为时间缘故不多感慨，我们把存在的问题归纳为6个方面。

第一点，一个小伙伴曾经做过北京的文创香与设计，包括徐州、台州相关旅游部门请他去做过文化溯源，后来通过一个朋友对接，邀请来对海岛做了深度了解之后，他跟我总结了一个方面，乡村本土的文化素养不足。

第二点，我们对美丽乡村一带的规划与设置的深度较为欠缺。原因是，就像书记管理下有很多的村，可能只有其中两个村的美丽乡村做得好，这几年美丽乡村建设存在的问题越来越严重。但我觉得是因为因地制宜落实得不够彻底，无法考虑细致的业态，让邮轮旅游客多留在这个地方。我想在这里重点跟大家分享的是，我曾经回到组织队伍里面的时候，在欧洲、法国体验过并且知道这个项目。我曾经做过设计项目，也曾经是名设计师，这个项目对我而言印象很深刻，这里把巴黎的自然村庄给大家做一个重点的推荐和分享。作为时下的大巴黎计划启动的时候，在2008年，因为当时巴黎的经济处于下行状态，出现的问题跟我们目前的乡村情况差不多，乡村之间的贫富差距悬殊。这个问题是很严重的，他要重塑巴黎，打通他的城乡，后来他通过自然村庄的规划和设计，把巴黎自然村庄建设起来了，并且让巴黎庄园有了温度。讲一个故事，在普通的乡村，我们对人与自然和谐相处的想法是接触的时候很自然，很人文，但是年轻人不愿意来往，觉得没有温度，没有交流的想法。这个我想是存在的一个问题。游客觉得它很冰冷，法国这个案例让一个乡村变得有温度，他把这种理想变为现实。因此我觉得这种价值观值得我们借鉴，并且这种感觉就像回了家一样，如果一个自然村庄，设计跟规划得有回家的感觉，那就会让人有想留下来体验一下的冲动。跟我一样从事这种相关工作的人员，到时候大家可以进行深度的交流对接分享。

那么，我原来讲的，跟现在法国自然村有什么区别呢？最大的区别是我们感觉到我们原来的美丽乡村建设都是零散的，没有一个统筹整合规划在里面，因此暴露了它的不足，一年两年后，它的问题就会暴露出来。

第三个是在做这件事情的时候，大家都会谈到扶贫问题，扶贫问题中听到最多的是钱的问题。在农村里面做了一些事情以后，要跟大家分享的是基于这个产业经历过一次很困难的事情。浙江有倒春寒，所有做果业跟农业的那一年损失巨大。可以说没有收成，因为基本上所有果树都被冻伤了。那一年也触动了我们的一个心思，因为果子风味不佳，不好上市，外形很难看，不能够正常送上市场进行商品化销售。基于无法正常销售的现实，我们跟一些小伙伴商量，开始考虑怎么让这些果子正常销售。我们发现酿果酒是最好的办法，我们花了三年的时间酿出了果酒，并花了一年多时间测试市场，包括我们通过果肉跟一部分果皮来酿酒之后，我们把一个果子拆分了，再提炼精油，我们通过精油存入，生产其他的衍生品。我们提供原材料，让一些小伙伴在我们的体验区体验制作茶点等活动。因为所有的果子剩下的渣都可以提取制作成手工皂，可以做成有机肥，因此在这个项目当中它可以做到100%的废物利用，这个点叫作绿色可持续开发，因此这种项目我们越做越深。通过这么一个环节，我想未来几十年后，乡村是城里人渴望的乡村！我们重新延长了原来的美丽乡村，延展了绿化文化家门口的博物化概念，以基地加我们的山海特色形成一个可以研学，可以开展亲子活动的“第二课堂”。

第四个，我们鼓励乡村创业年轻人聚集到我们这个地方一起做文创和融传。另外，我们通过赶集把城里的一些好的东西带回到农村来，把农村里的龙头产品或者手工艺品带到城里去。

第五个，做农村的任何一个规划和投入，都需要资本跟资源的导入。

第六个，很多人做过具体的工作，但是在宏观跟项目整体的连贯性上面，考虑的是动态的规划和内容的设置，一个村庄如何让别人有兴趣进来，如何让别人留下更长的时间？这个合理的业态布置决定你村庄的收益，也是决定你美丽乡村未来的另一种位置。我们整合了一些项目的细节，把一个项目分成有硬件的产业区，整个一个形态，还有我们开发了以文档为名的私房宴，可以输出文化，也可以输出产品。这个都通过几个方面在开发，它跟时尚、跟当下、跟城市、跟消费目标群体、跟资本结合。希望结束后还能和大家交流，谢谢大家。

主持人：这个里面的一些商品直供到城市，然后把城市里一些好的、乡村所需的，比如说日化、服装等类似商品也直接对接到农村去，我觉得非常好，我们滴水也非常想和他们一起来做这方面的一些尝试。再次感谢我们的柚子大叔，谢谢。接下来还有一位来自阿里的老师，有请黄会长。

黄会长：真不好意思，我觉得还是先做一下自我介绍，我在阿里已经有大概10年时间了，之前我一直在支付宝，在一年前左右的时候去了阿里乡村事业部，做农村淘宝这块业务。刚才听完几位老师的分享以后，我觉得在农村我是新人，但为什么邀请我来做这块的分享，应该是希望我从企业的视角来看一下，乡村治理或者说乡镇产业应该怎么样定位，我更多地以文字方式给大家讲讲，同时我想把我自己所看到的、自己理解的跟大家做一下分享：我觉得乡村产业现在面临的情况，或者应该怎么去做。

其实这有个契机，当时是临洮县委书记找到我们，他的诉求很简单，让我们帮他去引入融资厂商。因为在过去的大半年里，我见过很多县委书记，他们都对我们提出诉求——帮他卖产品。这位书记跟我说，帮他引入融资厂商。也就是因为这个原因，我当时比较好奇，就想去看一下他们到底想要做什么。首先说一个概况，临洮县位于甘肃省定西市，属于兰州的南大门，全县大概有五六十万人，其中农户有10余万。农户的人均年收入在7000元左右。主要生产的农产品是百合、马铃薯、中草药等。基于这个情况，我当时的第一个行程就是看望农户，感觉到的是农户的信任感跟安全感，为什么这么说？这就说到刚才书记所提到的，为什么要运用旅游融资产品。农户现在融资靠的是什么？靠的是线下大量的融资零售商，然后融资零售商同时会告诉他们这个农药该怎么用。但是融资零售商因为本身有自己的利益诉求，他在购买销售的时候会把相对价高的拿去销售，或者拿对他来说利益更大的去销售，而不是以品质保障去销售。这时候县委书记所看到的是，当地县里面的所有农产品的品质是参差不齐的。当时我遇到一个只肯种白菜的农户，但当时白菜在市场上已经太过饱和。所以当时政府的人，包括农业专家过去跟农户说你不要种白菜，你换别的东西，比如说种中草药。农户说我不会，我也不愿意，因为他的确不具备种别的东西的技术能力。我们愿意教他，但他不感兴趣。因为如果失败了，他一年的收成就没了。他不敢种别的，因为不管怎么样，他觉得种白菜还是会有收益，这就是农户的安全感和信任感问题。

今天第二个问题，我觉得我们今天的农户是全能性的农户，什么叫全能性？从种植到防虫害，到收割、分解、销售，几乎能全部完成。现在很多这种所谓渠道商是到农户家表明愿意收购农产品，当这样的一种单一渠道存在的时候，我们会发现农户的农产品消费价格很容易被渠道商给绑架。渠道商说苹果两毛钱一斤，就只能卖两毛钱一斤，农户想卖到三毛钱人家不收，因为边上还有很多人。农户相当于从事一体化的，他是全能型的选手，这本身是不可能实现的。在那里为了解决这个问题，临洮县委书记做了一件在我看来很厉害的事情。他成立了一个所谓的经济合作社，由村委书记直接担任合作社的理事长，整个村子都在一个合作社下面，这样的话合作社就变成了一套班子，两块牌子。同样地，原来村委会的人就是合作社的，相当于经营团队。一方面做的是行政管理主体，同时因为它是合作社的经营组织，所以它还是一个工商经营的组织。当时为他们做了一个事情，直接引入了投资厂商，直接跟经济合作社进行对接。把村里所有的农户的融资需求进行统一汇总，统一采购我们让他跟农资厂商直接对接，产品销售价直接便宜三四百块钱，我们把便宜下来的一部分收入再反馈给村级合作社，让它有参与的经营收入，可以持续发展。

我为什么特意想来说这个问题？我觉得大家都是农业专家，可能比我更清楚，今天全国有大概280万专业合作社，国家一直是希望以专业合作社的方式，去形成组织化生产，但是真正有效经营的只有不到7%。我上面说好的产品在哪里？好的价格在他乡，我这里特别想说一个，之前我遇到的一个可能更有感触的体制，也是我们一个合作伙伴跟我说的，他是做粮食销售的。当时他去内蒙古，内蒙古的政府官员跟他说，我这边有很多小米，你帮我卖掉。当时销售商说我可以帮你卖，但是他是经销商，销售商在上海，可能买卖要到长三角洲，但是长江三角洲不吃小米，不会像北方一样，每天早上都吃小米粥，最多一个月可能吃一两次小米，或者在做米饭的时候撒一把小米在里面。所以长江三角洲的用户买一公斤包装小米或者两公斤包装就够了。当时他与当地县级的政府说，那些大批量的小米包装成这样一公斤装的给我，我愿意出更高的价格购买。当地说不好意思，我们没有能力去包装。当时他不理解，这个原因是什么。因为一个包装的机器，市场价只要几千块钱就够了，说白了当地只要把这些小米包装完以后，把这小米卖给他，他给的溢价足够可以抵销机器的成本。

于是最后我那朋友把大宗商品全买过来，自己找了一个加工厂包装，所有的利润都变成他的，因为当时我在阿里巴巴工作，我必然会关注淘宝这一块。我看了一下权限，年销售额达100万元以上的只有一家淘宝店。什么概念？先说下面有个县只有三十几家淘宝店，今天大家也知道，据阿里研究院反馈的数据，在2018年全国已经有4000个淘宝村，什么叫淘宝村？是指一个村子里面有100家淘宝店，就叫淘宝村，但是这里有30个淘宝县，年销售额达100万以上的只有一家，其他淘宝店几乎没有运营，为什么会出现这样的情况？当时这个地方有中草药、百合……都是非常好的产品。我再去看的时候，发现临洮没有自己本地的地域第一品牌，其实那是貂蝉的故乡，完全可以通过文化历史这种方式去打造一个品牌出来。所以今天某种意义上，在没有品牌的情况下，临洮只能以大宗销售为主。零售卖不出去，这个也就带来了一个如何打造县域公共品牌的问题，我觉得可能未来也会看到越来越多。今天我到各个县域里面去，他们各地都在打造所谓的信誉公用品牌。所谓信誉公用品牌是什么概念？举个简单例子，比如说东营枸杞，东营枸杞属于区域品牌、信誉国有品牌，但是东营枸杞下面有很多企业品牌，只有符合我的要求之后你才能打这个品牌，但是只要你打上这个品牌，就可以帮你的产品提升价格，给农户带来更高的收益。这个品牌就目前来说，在全国各地各个县域都在涨价。

再一个是产品，我说一下它的产品，今天他在网店上销售的时候，我当时看上了其中一个产品，他们带我去看了那边的一个农业龙头企业，我登录这家企业的网店，网店正在正常销售。然后我看了一下，过去三个月成交笔数是2笔，我觉得他们商品运营商存在很大的问题。还有邮寄费，30块钱的快递，另外邮费寄送20块钱。现在网上销售要去买基本都会包邮，从甘肃不论去哪里快递费都要几十元，买20块钱的百合，你要花30块钱在邮费上。然后当时我就给了他一个方案。仓库直接有冷链的相关的计数，它可以以集装箱的方式一次性从临洮把东西运到宁波，然后在他那边做网上销售的时候，直接从宁波发货，物流成本从30块钱降到3块钱。当时我们做了这个事情，背后的原因是什么？你会发现，这件事情让一家企业去做很难，要用公共设施跟服务来降低企业的运营成本。当没有这些公共运营服务的时候，每家企业想去发展去运作，成本都很高，没有一家企业敢去租一个仓库，因为销量没那么大。我当时整体看下来以后，自身做了一个总结。第一，刚才说了农户社会化的专业分工没有做到，这个是现代农业的基础。今天不管是在日本，还是在以色列、荷兰，针对那些农业大国，他们首先都做到的是什么？专业化的社会分工，而不是一个人从头做到尾。第二，一定要有运营服务能力的引入，临洮那边我觉得整个电商运营的体系本身不够健全，如果这时候我要在当地把控一些有能力的人很难，怎么办？就像我刚才说的浙江的淘宝村，全国总共4000多个淘宝村，浙江就有1500多个，有很多这样的运营企业，让他来帮你打造品牌跟销售产品，那家企业去考察，我带着他们去看完之后，他直接说了一句话，给我三个月时间，我可以把你这个店做到淘宝同类排名前3。第三，是公共平台服务，我觉得这个应该是政府要投入的，同时也是我们公益组织应该考虑的一些事情，因为这才是一个长治久安的东西。我在坚持过来以后可以帮他卖东西。但是怎么样能够让产品长久地销售，必须要把这些基础能力建立起来，而不是每次等到滞销的时候，找个销售渠道来帮你，这是我的观点。

我理解中县域农产品的产销生态分为产销两块，一边是产，一边是销。县政府应该在政策支持跟相关的各种统筹上来做组织，而“产”这块首先应该以合作社为基础做组织化生产，相应的农场、家庭、大农户以及小农户能够先进行衔接。合作社必须要有套期保值，投资者刚才也说到，必须要有标杆。同样需要分解成品牌、运营、产品、研发、仓储、物流。我要特别说一下自己的感受，这也是农产品品质保障里面一个非常大的问题，大家买农产品和工业消费品最大区别就是我这次买的跟上次买的不一样。我前段时间买了一个凤凰水蜜桃，在视频里看到能爆浆的。寄到了以后，水蜜桃硬邦邦的，根本咬不下去，我当时去找商家，商家给的回复是水蜜桃要放一个礼拜以后再吃。我说你为什么不提前告诉我？他说因为有物流的时间要考虑，怕烂掉，所以会在七八成熟的时候就摘下来。过了一个礼拜以后，我发现吃的味道和原来想象的不一样，因为它不够甜，甚至有点食之无味的感觉。我再去找商家说，回复是非常不好意思，因为你下单的那几天，下雨过多，雨水过多导致水果不够甜，这很正常。通过这个案例我特别想说一下，宁波象山这边就做了一个事情，他们建了一套非常成熟的分解系统，在分析系统里面做什么？首先第一个设备检测它的直径，自动检测各项数值、果实的大小。第二个，通过红外线含X光去检测它的长度。第三个是检测它的表皮的色泽。所有检测完之后，他把数据记录下来，在后面有一个很大的分类，把相关的产品基于这些数据分解到各个方面，再做输送。

最后说培训这一块，培训是刚才说的，人是最关键的问题。培训不管是政府还是我们公益组织，应该是关注的重点，一方面我要去引入优质的人，另一方面在当地能够把优秀的人培养起来，这是核心。

我讲得比较快，谢谢大家！

杭州乐水社会工作服务中心：由于时间原因，我先直接强调我们在农村做了什么工作。我们做的这个工作是民政部的千里计划项目，我是策划人之一，扶贫这一块做独立策划，简要地展示给大家看一下。

我们开展工作就是两句话，第一句叫扶贫在于生产，这一块是咱们国家大力发展的工作，投入了非常多的资金，在全国各地尤其是贫困县受援地区，投入大量的生产养殖等，但是生产过了之后，产品怎么办？像我们工作重点在内蒙古鄂伦春自治旗，总人口28万，也是一个国贫县，对口帮扶的就是北京市西城区，西城区帮扶2018年投入了4000万元，跟我们交流的时候说过2018年4000万元能帮扶的就是20多万人，2019年的时候会翻倍，到2020年的时候，在2019年的基础上再翻倍。投入的资金是每年递增式的倍数增长。然后我就问了一个问题，跟刚才老师提到的、遇到的问题一样，销售怎么办？这一个问题就回答不上来了，我们就看到当地养殖这一块人数众多。但去跟这些养殖户交流的时候，只有非常少的固定的销量。当政府的资金到位时，就可以销售出去，没有资金的时候就先在那里放着，先晒干，但是将本该销售的商品放置就是一个成本。所以扶贫在于生产，这是一个根本性的工作，但是过量生产必然会产生问题，而现在的关键就是解决这些问题。

接下来第二句，脱贫在于市场。关于市场直接以经济来扶贫，也就是谈及从经济入口去讲乡村治理的方式方法。因为是民政系统，扶贫工作人员叫扶贫社工，所以首先要联合两地的政府和当地的干部，他们做这项工作是很困难的，政府的程序层层把关，从鄂伦春自治旗到北京市场，它的产品需要一个月的时间。食品安全还有三农产品生产出来的检验报告等，都非常困难。而我们直接联合两地的政府，以打通市场为前提，开展精准扶贫帮扶工作，在这个里面我们所体现的就是一体化开放贡献。一体化就是乡村社区所产生的是一个经济入口，它不是一个点，而我们所要考量的是整个地区的人的思想状态、经济状况等。这些都是一体化运营，既然谈到治理，它就不是简单的社会服务工作，也不是简单的企业帮扶。治理就是人的思想、人的心理、整个社会的安定，在这个基础之上，才是精准扶贫、精准脱贫的工作。所以扶贫扶志的这个“志”不仅仅是如何更好地去扶贫、脱贫，同时还是如何积极地、正确地，不是粗暴地去解决问题。所以讲的扶贫代理生产，就是根据当地的一些地理条件和特色，联合当地的知名企业，同时跟政府合作，政府来指定相关的企业与我们直接对接。我这边直接疏通，开辟出一条绿色通道，也就是所有的过程全部一步到位，这个时候体现的是政府资源要充分利用。从各个旗到北京市场，一般是 4 天就可以到位。如果运输的话是 24 小时以内，一般 15 个小时就可以直接到北京。而进去的市场是哪里？通过联合市民政局统筹为受援地区的产品来打开北京的社区市场。从帮扶的角度上来讲，它是以市场为优先的，给它拓展一个实体的市场，与社区直接对接，让社区来检验你登记的产品的质量和受欢迎的程度，由消费者去检验，东西好了也就不会有其他的建议意见了。

第二部分脱贫在于市场，我们去年投了 1200 万元，在全国各地以北京为核心，有 14 个城市，包括上海、深圳等。我们建了 30 多个社会扶贫工作站，240 多个工作站站点。乡村治理从经济角度上来讲就是两句话，第一个搞好生产，第二个打通市场。没有市场，做再多的生产都是徒劳的，老百姓不会去生产的，没有积极性，只有市场吸引了老百姓，能够消耗的了产品，群众的生产积极性才能调动起来，生产的东西可以销售，这才能够调动他的积极性。

进社区就是以扶贫大局的形式去开展。这个模式也就是双创性的行为，既增加地方扶贫地区的税收，也为一线城市社区群众提供惠民产品。这就是“双创”，既创收又创惠。与上市公司合作是长期稳定的，它每年采购固定产品大概有200万元。融合政府的一种方式方法，我们自己也投入了一点资金，做了社保资金商城。商城是专门针对各地受援地区产品做的一个展示。通过线上展示线下订单的方式来操作，下订单我们是以实体的形式去开展销售服务工作的。扶贫生产和全民脱贫体现的就是一体开放贡献。

在这里简要地讲一下我们做这么多事情的一个核心点，就是要明确三个问题，第一个就是为谁做，第二个问题就是做什么，第三个问题就是怎么做。为谁做？我想这往往是大家都忽略的一个问题，也就是刚才我举的上市公司的例子，我们社会组织和公益机构，或者是说社会企业，在全民脱贫或者说在社会公共服务社会活动项目上，首先要明确的是为谁做。有一些社工机构在北京是进不了社区的，因为没有思想意识，连进社区都是很困难的。不仅是北京了，我觉得往后杭州也是如此。当你不明白你的所作所为是为谁的时候，还是说我只发自爱心，做一点事情，没有一个思想意识那便会比较难做。所以我们做这些事情的时候，主要体现的就是这三个问题，为谁做事，首先做什么，这个是大家都会的。然后怎么做，就是看每一个机构的实力和你自己所创造的社会的人力资源。像我们机构，我们团体花了13年左右的时间，就培养了一批80后同龄人，在国家测绘工作方面培养一批政治人才。所以我们在全国范围、在北京、在杭州、在各地开展社工服务工作，首先就是围绕政府、依托政府，其次就是服务政府，这是第一个层面。

第二个更新的层面，就是服务人民大众。我们做事情，往往要按照一个圆的方式来走，有的还不只走一个圆，转一圈两圈，这都是很正常的。明白为谁做，这是至关重要的，所以要进行乡村治理工作。这一个课题的公益研讨基本上就是如此，今天我就讲这些，谢谢大家。

夯实基层基础·助推乡村治理分论坛总结

在2019年的最后一个月里，滴水公益开展围绕以杭州为主阵地、北京为核心的全国范围内的研究社会服务性工作，即杭州滴水社会服务工作相关内容，此次主要谈谈滴水公益在乡村治理的一期开放工程。

据了解，此次滴水公益开展的此项工作是民政部牵手计划研究部的千里计划项目。滴水公益创始人周伟是项目策划人之一，主要负责独立策划扶贫内容。问起项目情况，他说可以用两句话简要概括。第一句是扶贫在于生产。国家为生产投入了相当多的资金，这也是大力发展社会经济势头的一个表现。同时还在全国各地贫困县受援地区投入了大量生产养殖资金，生产提速的效果是非常明显的。但是生产过后产品滞销这个问题如何解决却成为难题。作为项目工作重点地区的内蒙古鄂伦春自治旗是一个贫困县，对于28万人一个旗的贫困地区，政府每年投入巨额资金对口帮扶。2018年西城区投入了帮扶资金4000万元，他们的计划是2019年相对翻倍，到2020年能在2019年基础上再翻倍，如此每年投入的资金量呈现倍数增长。

扶贫在于生产是一个根本性的东西，扶贫必须要生产，但过量生产必然会产生问题，在参与帮扶地区的扶贫生产过程中，我们深刻体会到市场扶贫的这个观点。所以接下来第二句，脱贫在于市场。关于市场直接以经济来扶贫，就是谈及从经济入口谈论乡村治理的方式方法。民政系统的扶贫工作人员叫扶贫社工，我们和民政系统援派干部前去参与此项工作相对困难，主要原因是政府程序层层把关。在农产品检测报告能办下来的前提下，产品从鄂伦春自治旗到北京市场需一个月左右时间，在此过程中，食品安全还有三农产品检验报告等都是较难批准下来的，我们和民政系统干部对当地形势状况了解甚少，所以工作开展困难重重。针对这个情况我们就直接联合两地政府以打通市场为前提开展精准扶贫帮扶工作，所体现的是一体开放载体作用。一体化在乡村社区不是一个点而是一个经济入口，而我们所要考量的是整个地区的人的思想状态、经济状况等，这些都是一体化运营。

谈到治理，我认为治理就不是简单的社会服务工作，也不是简单的企业帮扶。治理是在人的思想和心理及整个社会安定基础之上进行的精准扶贫、精准脱贫工作。所以扶贫扶智，这个“智”不仅是如何更好地去扶贫脱贫，还是如何积极、正确而不是粗暴地解决问题。所以我们说的扶贫代理生产，就是我们联合当地政府根据当地地理条件和产业特色选择联合当地知名企业。这个过程就是我们跟政府合作，政府指定相关企业，我们直接与其对接。因为有的企业合作标准达不到食品安全要求，联合政府参与的目的是更好地辨别企业是否具有相关资质。这样的三边合作就能直接疏通困难阻碍，开辟一条绿色通道，所有过程都是一步到位的，同时减免各项费用。这时体现出政府资源的充分利用，从内蒙古鄂伦春自治旗到北京市场，邮寄一般需 4 天到达，运输一般是 24 小时内到达目的地，现在有了这个绿色通道，15 个小时就可以直达北京。整个流程的安全检测由两地政府把关完成。据统计在册数据显示，产品到达之后直接进入北京市的 3213 个社区。

同时，我们还联合市民政局统筹为受援地区产品打开北京社区市场。之前也考虑过线上销售平台，但现在销售平台只是销售方式之一。从我们的角度讲，它是在以市场为优先的基础上拓展一个实体市场，同时与社区直接对接，让社区负责检验登记产品的质量和受欢迎程度，通过这样的方式由消费者根据产品质量决定产品价格高低，在此过程中消费者还能对产品提出一些建议和意见，促进产品的优化。这也促进了消费者和市场关系的良性循环。以上就是扶贫在你生产我运作过程中采用的一些方法，也是我们工作成绩的简要展示。

这次项目我们联合的是由政府指定的东风公司，帮助 314 户农户实现直接脱贫，走上自力更生的道路。在脱贫过程中，我们发现销售不是一个简单的工作，更需要帮助当地产品与北京市的各社区建立长期稳定的关系。就像培训和就业，属于人才培训公益捐赠，这个捐赠不是简单的一种公益捐赠行为，而是企业在拿到政府无息贷款后，将所产生的红利作为变更内容后做出的捐赠行为。关于脱贫在于市场这个观点，体现在去年我们投入 1200 万元资金，在全国各地以北京为核心辐射上海、深圳等 14 个大中城市建立起三十几个社会扶贫工作站，设立 240 多个工作站站点。所以乡村治理从经济角度讲就是搞好生产和打通市场，没有市场，再多的生产都是徒劳，老百姓便没有积极性去生产。只有生产的产品有地方可销售，即市场能消耗得了他的产品，群众的生产积极性才能够被调动起来。这里谈到的扶贫大局，就是以扶贫大局的形式开展，这种模式是一种双创性的行为。不仅解决了受援地区群众的扶贫问题，还增加了扶贫地区的地方税收收入，也为一线城市社区群众提供了惠民产品，实现了既创收又创惠的双赢局面。在项目执行中，我们遇到前来福利订单采购的员工也是上市公司的战略顾问，我们引导他们与政府深度融合。这不仅仅是让企业做点公益项目或爱心服务，更直接的是让企业通过我们的活动策划，提高与政府平台的融合度。

为此，我们与上市公司建立了直接的长期稳定的关系。企业每年采购贫困地区200万元左右的固定产品，这是一种定性行为。为更好地配合政府工作，我们自身投入部分资金，做了社保资金商城。扶贫商城是专门针对各受援地区的产品进行展示的线上平台，销售特色是线上展示线下订单，订单以实体店的形式开展销售服务工作。经过一系列的项目执行，简要阐述下工作的核心点就是要明确三个问题，分别是为谁做、做什么、怎么做的问题。为谁做，这是最容易被忽略的问题，也就是刚才列举的上市公司的例子。社会组织、公益机构或社会企业，在全民脱贫或社会公共服务社会活动项目上，首先要明确为谁做。为什么现在北京的一些社工机构是进不了社区的，因为没有一种明确的思想意识。不仅是北京，在杭州不久的将来也会如此。因为如果只有闭塞的方法和思想意识，就将被社区市场所淘汰，而进社区可以协调闭塞的方法和这种思想意识形态，从而提升人们的公益理念。

以上是一个定律，在如何做这点上，要侧重参考每家机构的实力和所创造的社会价值。像我们机构，经历了13年时间在国家测绘工作领域培养了一批80后同龄人才，在全国范围内如北京、杭州等地开展社工服务工作。第一层面是围绕政府、依托政府、服务政府；第二层面是服务人民大众，我们做公益事业可能不会那么快达到我们的目标，但这些事情都需要按照圆的方式进行，有的还需多走个圈，转一两圈这都很正常，但最重要的还是真正能做好这件事。

拓展公益项目・助推社区治理

主持人：跟大家分享的内容，有可能是我们很多社会组织今后会碰到的。大家都知道现在我们很多文明办在搞新时代文明实践中心。我相信很多省份都已经开始了。黄天哲老师有一整套非常系统的理论，也就是说，我们社会组织怎么样介入社区文明实践。接下来我们就有请黄天哲老师，大家掌声欢迎。

黄天哲：今天我主要想讲的就是以社区为基点来谈怎么治理社区，社区治理跟社区公益活动和社区服务是不同的。

一说到治理，一般是讲政府的行政部门，才能采取治理的一些工作行为。自从前年一直到今年中央政策下来之后，就特别提到了社会组织，尤其是社工机构要参与到社区的治理工作中来。在北京有一个非常明显的体现，社区的工作者以及区级的民政部门，基本上都持双证上岗，其中一个证就是社工证。这就是因为社工要能够直接参与到社区的治理工作中来。在杭州这边，一提到社工，他们以为跟咱们民政局以及社区街道办有关；社区一提到社工的时候，他们认为社区的工作者就叫社工。

社工的概念是很宽泛的，民政部门就是民政部主推的，社工全国统考的就是社工机构的，有那个证的才叫社工。今天我们就从社会组织社工身份来讲，我用 3 个问题来简单地谈一谈。第 1 个问题就是社区治理是为谁做，第 2 个问题是做什么，第 3 个问题是怎么做。

首先我们来说第 1 个问题，为谁做。这一个问题背后所揭示的一个大的项目，曾经有过非常明显的体现，可能社会公益机构以往都没有这方面的想法或者是留意。民政部有一个项目叫牵手计划，我是策划人之一，牵手计划里面有一个社工扶贫项目，我是独立策划人，并且是全国的执行者和执行负责人。在民政部这样的一个国家级的项目中，内部工作会议上就明确提出了这个问题，你们是为谁做工作，这是针对社工机构的，也是对咱们这些社会民间草根，或者政府对口的一些机构来讲的，我们是为谁做。很多机构有时候都想我们是社会公益机构，我们按照我们的意愿而为。但是现在已经上升到了一个非常高的政治层次，那就是为谁做的问题。在这个方面我有一个切身的案例，在这里简要给大家分享一下，我们要为谁做。当我还是深圳市一家全球的上市公司的战略顾问时，上市公司出现了一个最大的问题，因为它属于通信行业，在通信领域里面它排全球第二，全球的通信市场有100多个国家，它们都是上市公司。市场份额第一的是谁？是摩托罗拉。但是摩托罗拉在10年前就开始收集这家公司的侵权证据，从实际的证据上来讲，这个公司是侵权的。一旦司法部门判定它具体侵权，最后的结果是什么？资金赔偿对于这家公司来讲不是什么问题，我看了它们大致的金额是60亿元，而这家公司的营业额一年基本上是60亿—80亿元之间，也就是它一年的营业额，无关紧要。但是第2个问题就严重了，一旦这个官司判定它输，一个上市公司这么多年的业绩，一夜之间会轰然倒塌。仅剩中国的市场。这个问题出来之后，董事长非常着急，但没有好的解决办法，究其原因是什么呢？在这些年的发展过程之中，并没有明白为谁做的问题。如果我们还是像以前一样，只凭着一颗热情的心任意而为，我们有可能进去都很困难。我们做活动可以一下铺开到全国各地，北京最早的时候有一个最知名的公益活动，直接升级为北京市的公益活动，叫“西部温暖计划”。

那时我们团队有一个兄弟叫张世杰，早在2005年，我们就在中央团校开始策划一个往西部捐衣服的项目。但是后来因为我们是在中央团校读书，当时也是北京外国语学院，离得比较近，所以一拍即合，我们把它上升了层次，直接联合了北京团市委，来开展往西部走的项目，这是大规格的。这个时候所产生的力量是什么样子的？对咱们公益机构和公益人所做的公益活动项目，我们的目的、初心是什么？我想每一个人尤其郑壹零同志，应该是想着把我们的公益理念、我们的善心传播开来的，能够激发全社会一起来做，而不是仅凭着我们自己就在这一个社区做这一点事情。

我们个人的力量是渺小的，但是我们把好的科学的公益的理念传播出去，我们带动的人是很多的。而要想达到这种效果，生根发芽，最终还要明白一个问题，为谁做。所以这是一个很简单的问题，咱们学马克思主义，从初中就开始学，一直往上学也就是这三个问题，为谁做、做什么、怎么做。这是一个很经典的哲学问题。这就是一个很现实的思想与实际理论相结合的问题。所以先明白我们为谁做，其次才是去探讨我们做什么。

牵涉到助推社区治理，又说到我们拓展社区的公益项目。接下来咱们就讲一讲做什么，这也是属于公益项目的拓展。在民政部里面我最早策划的是一个慈善超市，比如社会救济金的救济粮发放，放在慈善超市的我们做示范点，这个行为在项目里面想要表达的是什么？我们进社区想要开展服务，从大的项目里边我们要揭示的是以人为本，解决群众的衣食住行的吃的问题。慈善超市里面那些摆设的东西，不仅仅是其他区群众、善心人士、公益人士捐赠的东西，还有蔬菜、水果、粮油、米面，跟正常的超市没有什么区别。不同的是它夹杂了一些政府部门的行政功能，同时它又不是政府行为运作，而是咱们社会公益机构执行运作的一个点。这一个点体现了几个层面，第一社区便民，第二社区惠民，因为这个超市的成本是非常低廉的，第三社会公益组织、社会机构的自主造血功能。

从表面上看，大家有可能会觉得我们社会机构是不是来做经济了，其实这个里边我们把公益体现出来，经济是可以介入和参与的，如果一个机构没有自主造血的能力，这样的机构基本上是不会太长久的。或者说在政府部门里边，你始终是一个不成熟的角色。因为政府怎么说你就怎么做。我们从 2012 年开始，基本上是不愿意主动承接政府的采购项目的。为什么？因为第 1 个，这些事情做起来，涉及很多的材料整理、收集，浪费我们很多的时间、精力。所以后来我们直接对接的就是政府的主管部门，必须至少要承接一个政府指定要承接的项目我们才会去承接。有时候承接的还得是我们自己设计的，比如社区的维稳等，像这样的项目我们才去做。具体做社区的公益项目拓展。这个时候说到做什么，咱们就要宽泛一点，咱们公益机构只要具备了自己的专业能力，你就要站在社区居委会的角度，社区居委会能做什么？社区居委会不是政府的行政部门，而是街道办，是政府行政部门指定的执行团体。

一个是执行社团，它代表的是行政制度。而专业的社工机构就是社会公益机构，你的能耐至少要能够和社区居委会比。如果达不到这样的能力要求，你要进社区，说我想做社区治理，这个是真的挺难的。虽然现在北京很多的社区居委会，我们几乎全都对接，但总有一部分群众居委会是不好对接的，我们要从中反思，群众需要的是什么。所以从综合方面来讲，最后我们进社区做服务有一个重要的项目点就是社区惠民工程，什么是惠民工程？

咱们老讲获得感、幸福感、安全感，怎么能够让社区群众有切实的获得感？那就是给他们提供实体的物质，不只停留在口头上，也不只是精神层面和心理层面的。所以我们在北京的各个小区，就得主动开展进社区的活动。这个活动我们从 2005 年就开始建立示范点，在中央团校家属区开始做示范，来年去运作。惠民工程是咱们进社区真正做好为群众服务的一个亮点。谁能把惠民工程做到位，谁就能够很快在社区跟街道办一起，或者是协助街道办和社区居委会建立起非常好的社区群众基础。有了群众基础，开展其他的社会服务工作，这个时候才有可能在社区的治理工作中发挥出我们公益机构的价值。

像在北京我主导策划的有养老驿站，那是我独立策划的一个大项目，每年北京市都能够投入 11.8 亿元，去推广养老驿站的建设，每一个社区都要建养老“金单子”，并且养老驿站一般情况下还是按照四星级以上的标准来做装修配备的。举个简单的例子，不到100平方米的空间，装修的费用一般是在60万元到70万元，我想对于咱们家庭装修而言，这也属于精装修，还有里面的很多功能。而在我们了解的过程中，这样一个大项目，也运营不下去。政府有项目采购，为啥还运营不下去？

这就是一个问题，没有群众基础，没有人去养老驿站，或者是去的人少，政府给的补贴就少，只靠这一节是运营不起来的。所以我们有一个核心的原则，就是以惠民为核心，我们进入社区的每一个项目，都要以我们专业机构的能力，把它变成一个可持续发展的经济项目。社工机构是可以收费的，比如社区青少年的辅导，我们可以直接收费。社区的医疗、陪护，社区的临终关怀，社区的殡葬服务，我们是在内蒙古自治区跟政府联合开展的。从医院宣布老人时间不多了以后，我们培养的团队就开始介入临终关怀、心理疏导，让他的思想、精神、身体都达到一个比较和谐温暖的状态。这也是其中的一个项目，所以并不是说咱们公益机构只做一些表面的工作。整个社区治理工作，咱们每一个机构都可以进去，把你的专业体现出来，这个社区怎么治理能够让老百姓满意，怎么样能够把中央的政策贯彻落实到每个群众身上，让每个群众从中真正受益，体会到切实的获得感。不是口头上的，不是精神上的，也不是心理上的。就像我们到内蒙古去做扶贫工作一样，2018年就投了1200万元，但是公益资金不是直接给对方的，而是用来搭建扶贫的公益平台，让当地产品走出去，我们是往这方面考虑的。至于生产这一块我们都不头疼，因为国家投入了大量的资金，像2018年的时候，对口帮扶的区是北京市西城区，政府从6月份到7月份，一个月的时间，投入了4000万元，28万人，他们的计划是2019年翻一倍，2020年再翻一倍。

所以我们不投生产这条线，我们只投市场这条线，这一条线也属于公益项目里面的，我们就用经济化模式来运营，同时我们又把它定性为一个公益项目。从2018年开始到2019年6月份，不到一年的时间，我们的销售额就达到了800万元。当然不只是鄂伦春自治旗一个点，就是内蒙古民政厅在看到我们的成绩之后，立马又给我们对接了兴安盟民政局、兴安盟随后又对接了政府，从这一连串的效应来看，反映的是什么？反映了咱们机构的专业性和能力，你做的专业能给地方带来务实性的效益，你的项目就能在那里开展，随后我们就设定了社工助力扶贫项目，一个综合性的大项目，由北京市民政局购买，牵手计划里面这个项目是我主策划的，所以我亲自去执行运营，看能否产出一些效应。今年的时候，内蒙古民政厅又跟我们对接了内蒙古15个贫困县，我说算了，别15个了，你内蒙古所有的都跟我对接，产品需要我往外走的，这里是咱们内蒙古的一条线，这个时候我们这个项目就算是扩大，我们把这一个项目变成一个经济性的公益项目，既是公益的，又是经济的。

做什么？接着下面的问题，这是联合一起讲怎么去做的问题。这个核心的原则是什么？我们是围绕政府、依托政府、服务政府。咱们进行社区治理呢，也是围绕街道办、社区居委会，依托于他们，是这一层关系而已。第二层关系，也是我们做项目的初心与核心。最终我们要说的是谁？居民是社区的生态环境之一，这是为谁做什么、怎么做的问题。明白了这些之后，这才是一个公益机构。拓展公益项目，助推社区治理服务的一个关键点，所以我花这么长的时间来专讲这三个问题。

这就是问题所在，咱们进社区，培育社工力量，提升社区的团队建设专业化水平。有了人之后，我们还要帮助他们建设属于自己的社工机构，或者是说咱们说的公益机构，这是一样的。有了人，有了机构，我们再以社区为重点，开始带我们走社区的这些新型机构去策划项目，开展项目。后续就逐步地放着，由他们实现自我管理、自我治理、自我服务的一种状态，这是公益的一个核心理念，一个主旨项。这里面老人心理疏导、家庭教育、青少年心理健康、妇女儿童关爱，每一个项目对应的是一个政府部门，这是我们要全面明确的。第一个为了谁，这一个问题背后全部是跟政府对接的。

最后一个，咱们讲到最终社区治理不是别人去治理，而是社区群众自我治理，也就是实现社区自治的问题。这是作为社会机构提到的，就是一个公益服务助推的作用。我们给社会和公益人士的定义，就是政府最得力的助手是人民群众，人民群众给予最贴心的帮助。好，我的演讲就这些，谢谢大家。

主持人：我再跟大家分享一下，比如说我们现在现场有没有问题要问黄天哲老师的，可以举手。大家千万记住，一定要带着问题出来学习，每次的提问机会都是给有准备的人的。我以前经常去北京，但是每一次老师在那里分享完了之后，边上的主任说今天可以给大家三个问题，然后我连续举了三次，下午三个问题都被我问完了。

当我问完了之后，我拿着这个答案就回来了，当很多人突然间醒悟过来的时候，今天的论坛就结束了。所以大家千万要记住，下回任何一次出去学习一定要带着问题出来。如果没有提问的话，我们就再次以热烈的掌声感谢老师，谢谢。其实只要是需要帮助的人，我们都可以为他做点什么，比如说我们就记得联合了瑞安，就专注于做一件事情，针对青少年犯罪人员的社区矫正这种项目，但专注做了一年半时间的时候，发现取得了很好的效果。

最后，我们有更多的关注青少年领域的人一起去学习，一起去开分享的论坛，甚至搞一个省的论坛，第2年之后浙江省11个地级市，其中有10个地级市的司检法部门开始向我们社会组织购买服务，这样我们是不是又拓展了另外一个部门。我们又联合啄木鸟食品安全，10个省，跨地1万公里，差不多花了一个月的时间，专门做食品安全，倡导在那边做百城千校的一个活动。

第3天之后，国家市场监督管理总局就开始在厦门学校的周边调查垃圾食品，今年市场监督局跟科协开始投入资金，跟我们社会组织合作，共同解决食品安全问题，这就又拓展了一个政府部门。去年8月份我们又开始联手，包括关工委，还有我们的网易，还包括中南卡通、体改委等很多部门，联合开展活动，6月5日的一个活动，效果非常好，也登上了新华网等很多媒体。今年的话我们就看到了关工委大力地去投钱，去找我们社会组织合作，解决孩子的视力的问题。

所以说，几乎任何一个政府部门，都应该是我们的合作伙伴，也就是说我们社会组织除了现在经常接触的范围，如民政、妇联等之外，我们更应该集合起来，能够想到我能为你这个部门解决什么问题，那么这个部门下次就有可能也会变为我们的资助方、合作方，谢谢！

第2位，我们就有请来自乐仁乐助的叶玉玲，他们主要都是做运营型和孵化型的，相当于一个平台，在一个街道里面承接政府的购买服务，然后把更多的社会组织一起纳入社区街道当中来，通过他们的孵化和梳理，一起参与社区治理，所以说在这个过程当中，我相信玉玲也积累了非常多的很好的个案，接下来时间就交给我们的叶玉玲。

叶玉玲：谢谢各位老师，大家下午好。做公益组织，做社会组织，这样一个特点是什么？一讲就停不下来。待会儿如果超时了，你们可以无情地打断我，我怕控制不住。今天我也给我们各位老师介绍很多我们机构大概的情况，我们整个入驻社会创新机构，它是全国性的一个机构，我是浙江区域的一个负责人，一般在公益圈大家都喊我叶子，确实我看上去比较年轻，但是我已经在这个圈子10年了。

我们机构主要是一个智库型、技术型、平台型的枢纽性机构，从我们整个业务体系上你就可以发现，我们整个机构有7大块，第1块就是业务体系，我们的社工社区的业务；第2个就是我们做项目的一些扶持培育；第3个是组织培训；第4个是平台的建设，孵化器为了匹配我们整个机构发展和业务的建设，我们机构自己成立了研究院，会去研发一些项目，积极探索一些自我造血自我创新的项目。我们有创新大户，有社会企业，这个是我们整个大机构的业务范围的内容，在杭州这一块，我们也是在一个一个机构的引导下，契合我们杭州本土的一些内容，再去做一些发展和规划。

今天我们在做的是，社会组织参与社区治理环节，我就用我们在杭州做的一个社区例子，来给大家做一个分享，专业的社工机构怎么在社区里面去开展社区治理和社区的一些活动与服务内容。这里面需要明白两个方面，为什么我们要专业机构介入去做？第1个就是我们的公共治理和社会工作的共通性，我们也是在积极尝试怎么去做，加上十九大我们习总书记提出的城市治理的“最后一公里”是社区。所以我觉得我们一直在探索的方向和目标是非常明确的，也是非常契合我们整个中国政治发展历程的。

因为今天我们有很多的志愿组织在场，我就不去讲太多关于社工机构的问题，我相信大家在所有的城市治理的“最后一公里”，在社区社会组织的很多活动和一些开展的内容，也都是在进入社区或者乡村两个最初级的要素，一个场地一个内容，我相信大家在做的过程中也会遇到非常多的问题，比如说社区的环境问题，一些邻里关系的问题，特别是现在热门的垃圾分类、垃圾处理、邻里纠纷等问题。这些内容都在社区里面遇到过了，我们这个项目也是在整个社区里面，在某一个社区发生的一个问题，对社区的环境整治，已经进行了8年。但是8年下来，包括我们杭州举行G20峰会的时间，都没有办法把其中的两幢房子、公共空间、公共环境问题给整治掉，把社区外面一圈用防尘网围起来。除了我们现在新建的商品房外，很多老小区都是非常普遍、非常常见的一个小区，社区没有办法把这个事情当成一个项目去民政局求助，民政局用项目的形式，让我们机构来承接处理这个问题，我们前期也进行了一些走访调研，深入社区去跟所有的居民沟通，去了解发现了整个社区的问题。

很多老小区都没有物业，现在居住的大部分人都是一些租户。我们小区里面最关键的两户居民，他们的意见是非常大的。所以在走访调研的过程中，我们发现了要解决这个问题的一个关键点，就是我们需要把这两户居民的问题给解决掉，知道这两户居民的问题怎么去解决，就找到了这个项目的一个突破点。我们在进行第1轮的调研过程中，就把我们的目标梳理清楚，所有居民对这两户居民、对这两个案子有一个认知和了解，他们的抵触心理是非常强的，包括我自己第1轮的走访下来之后，我其实是非常恐惧的，为什么？有一个案主家里是养蛇的，我是非常害怕这个东西的，因为小时候被蛇咬过，但是没有办法，为解决这个问题，还是走进了案主家里，在我们社工的陪同下进去了。因为我是学旅游出身的，所以我可能对社交这些东西会比较懂一点。经过沟通交流后，我觉得案主的内心还是非常阳光的，还是非常愿意去做这些事情，还是可以有一个重新的评估和认知的，所以我们开始了第2轮的走访调研。

第2步我们又开始进行新一轮的走访和确认，如果我们要让奶奶愿意改变，你们也愿意去改变我们的改变，这个点在哪里？我们共同来讨论来做，这个过程中，我们是通过居民的意识，所有的事情都是让居民共同来讨论、来决定、来策划，他们认为他们应该怎么做，他们能做哪些事情，我们在整个过程中还是在不断地走访，整个过程中我们琢磨的内容是非常多的，我们所有的事情，包括确认签字，共分两大块内容，一个是居住户的，租房子住在这里，另一个是我们的业主本身，业主基本上都在外面，所以我们只有确认所有的业主和我们所有的租户全部都有上门确认签字，才能够去做工作。

整个走访过程零零散散进行了10多次，我们在走访的时候，还挖了很多居民中比较愿意参与进来的骨干，我们挖掘了做景观设计的退休工作人员，又挖掘到做泥瓦匠等的这些人员，对整个小区的情况进行了一个摸底调研。也在沟通和了解中，建立了一个大家共同的意识，我们要怎么去把小区变得更好，也是又形成了我们的一个意识共建。第1次的意识共建，就是通过我们全部前期的工作，在经过两个半月左右的时间，我们的案主中最大的一个，他自己主动写信去了社区，对社区书记说，麻烦你们安排人过来帮我把围墙给拆了，帮我把东西给搬了，这个是远远超出我们的预期的。

我最开始的一个设想，加盟以后，评估完案例，我觉得可以完成，但是大概需要4个月的时间，但在过来两个半月的时候，他就已经可以自己主动地提出来，要去解决这个问题，对我们整个团队和社工来说是非常激动的。这个过程中，社区对我们支持也非常大，我们社区书记收到这封信的时候，当时我记得非常清楚是元宵节，社区都要搞活动，书记打来电话的时候，跟我说社区一定会全力支持我们，我也回应说来协助他们去做这个事情，但书记说主导权全部交给我们，书记就给我这么一个回馈，对我们来说，我觉得我们的工作取得了一定的成效，当时这封信给到我的能量是很大的，所以我们就开始执行了。整个过程中，我们又去引导居民，既然大家都有这个意识，也有行动力了，我们的案主也已经提出了他的改变，所以我们就召集了所有楼道居民，我们共同来讨论要怎么去打造社区未来，在这个过程中，因为大家都知道社会组织的资金来源是非常弱势的，我们要把控整个事情，他们提出这个想法和理念，我们要自觉尊重他们这些想法，让他们来提出他们怎么解决，提出的过程中，不一定会有充足的资金帮他们去解决问题，所以我们把这些事情全部都摆在台面上，让大家来说、来讨论、来决定我们应该怎么开展，怎么做哪些事情，我们应该怎么样来解决这个问题。要什么风格、什么主题，要订什么颜色等，这些全部通过居民的议事形式来讨论，而且我们是真正的居民意识，没说你们是骨干来参加一下会议或者怎么样，完全都是居民发出通知打电话邀请他们来自我参与。整个过程中，对于我们机构工作人员来说，是一个激活的功能和作用，我们把社区这潭死水给搅活了，不管他发出的这个声音是负面的还是正面的，我们让他有个发声的平台，让他能够参与，能够知道有这么一个事情，至少说把这潭死水给搅活了，这是第 1 个社工作用。

第 2 个，我们做了一个引导者的工作，在中国有句俗话说“枪打出头鸟”，很多人是不愿意承担第 1 个工作内容的，这个工作由我们社工承担和执行，把他们引导出来，整个过程中我们是要去不断地跟社区、跟园林、跟我们的城建等各个科室和部门沟通的，因为社区的事情还会涉及一些部门，在沟通确认之后，在这个范围里面由我们去沟通是没有问题的，然后才能够去行动。但是居民是根据他们想做什么或者他们能做什么，再把政策的框架给到他们，只能在这个框架范围里面去做，这里面我们把我们的协调和引导角色给发挥出来。

我们做一个能走动的灵活角色，怎么样让居民自己有能力去建设，自己讨论做一些事情。我们会开展提高居民能力的培训，因为我们有社区公共空间的美化，他们经过商量后决定上面放一些墙体绘画会非常好，我们是非常支持他们的想法和决定的，但这个绘画的工作，居民们不希望请外面的专业老师来绘画，而是希望我们给他们请老师来培训，让他们有这种能力，让他们去学习，再由他们去上墙，当然包括社区的美化购物空间里面还会涉及什么种花、种草等，我们也请这些老师给他们做相应的培训。最后居民在参与这个过程中，他们自己在学习的过程中的一些作品展出在墙上，在小区里面去呈现的时候，他们自我的这种精神状态、自我认知和获得感是非常多的。在公共空间里面，他们对环境的保护意识也是非常强的，会觉得这是一起辛辛苦苦做出来的东西。当时改造最关键的一个节点时间是在暑假，天气非常热，但是他们每天下午 3 点以后，一定会过来美化墙面、建花坛，种种那些比较容易活的树和草本植物等，他们在种的过程中，会发现垃圾不能乱扔，辛辛苦苦弄出来很不容易的，我们要自己保护好，我们不能靠别人来做这个事情，自己就会主动去做这个工作了，实现整个环境的管理，这就形成了一个自我自治的内容去开展，然后是我们一直在强调的，党建引领社会组织做任何事情，不管是社会组织还是什么地方，一定要由党建引领，一定要跟我们的社区多沟通、交流，了解他们一些想法，一定要有一个共同的方向和内容，所有事情的出发点和助力点，我们最终的目标，不管我们是从社会组织这个角度，还是从社区这个角度，在社区里面，我们所有人的目标一定是一致的。所以我们在做的任何事情，都是一个沟通的过程，在一些重要的节点上，社区有给我们很大的权力，会邀请我们共同来参与，比如说启动仪式和表彰活动，由我们的一些组织和一些社区主任、书记前来参与，让社区跟我们居民有一个对话窗口和对接的平台。

整个项目做下来之后，我们强调的是什么？一直强调的是三社联动，后来在社区里面一直在强调的“三治融合”是指自治、法治、德治“三治”，你会发现整个项目我们并没有那种生搬硬套的说教，跟他说你要遵纪守法等，我们没有去强调这些内容，但整个过程中他们不断地在做这个事情。他们在自我管理，自我民主协商，用非常友好的一个态度去做这个事情，甚至他们自己会出资。我们有个采风活动，他们自己说感觉他们思路各方面可能跟不上设计师，然后自己组了一个小组，喊了几个人，跑去其他社区去看去采购，回来再把这些好的点融入自己的社区里面。整个事情在做的过程中，作为我们社会机构、社会组织，我们主要是做四大块的工作内容，第 1 个就是我们的意识贡献。第 2 个就是程序规范，工作怎么讨论，问题怎么解决，我们有一个机制。第 3 个就是我们的标准体系、标准操作，对于社区环境、社区微更新这个内容，怎么去匹配其他的一些能力，建设一些课程体系，基本上整个框架就已经出来了。最后一个就是想象力培养，比如说做景观设计的师傅，他们出去学习等，其实他们都在自我打磨环境的建设内容。这是我们整个组织在全国各地会去推广的一个工作模式和标准内容，作为一个外来的社会组织，最大的目标是使社区的社会组织、社区团队或者社区建设，更上一层楼，对于我们一个社会组织来说，很多时候会想，我们走了之后社区这些活动，该怎么继续延伸下去，关键的是我们要培育人，培育能力，需要把这些团队给培养起来，所以我们做了很多事情，我们把所有的都叫参与式陪伴。

这些活动我们都邀请居民共同参与，共同介入，包括我们前期的调研，做活动时候的一些经费预算和讨论，项目实施，甚至后面的这些团队的成长等，都是要求邀请所有的居民共同参与的，在这个活动过程中去养成他们的这些习惯。你会发现一个非常有意思的现象，我们做了很多社区，前期特别苦，最开始的时候，早上五六点钟去跟阿姨们打太极，晚上七八点钟跟阿姨们去跳广场舞；我们要去挖掘社区居民需求的时候，我们小姑娘都是风雨无阻地去小区各个广场跟那些团队的负责人沟通聊天。每一个做社区的小伙伴，进社区的前三个月，是不允许在办公室里坐着的，必须要去社区里面跟居民交流，心情不好，去跟居民聊天；这个项目不知道怎么做，去跟居民聊天；不知道有些什么人，去跟居民聊天，所有的社区的团队，全部都在小区里面跟居民聊天，我刚刚说在一个社区，一个月的时间，如果没有居民请你们吃饺子，没有居民跟你要信息，介绍相亲对象，你做的是很失败的，你要去反省一下，你到底在社区做些什么事情？这里面可以看到我们在做的整个社区，进去之后，居民对你的了解、认知、打招呼的情况是非常多的，大家对你的感情也是非常深的，整个项目参与度也是非常高的。这是我们前面在做的社区治理的整个架构和一个脉络。

第 2 年我们还要做什么？除了组织以外怎么样去帮他成长？我们就教他怎么去砌墙，怎么去和水泥，怎么把公共空间建得更好，这就需要培养他们组织的能力。特别是这种他们自己设计的，他们还需要把认为好看的东西上墙，可以宣传正能量的一些东西，画画完之后，他们自己去广告公司制作，然后上墙，我当时还没想到他们能够做得这么有创意，下面还种了这些花，自己经常去维护去浇水看一下这些东西，做得还是非常好看的。社区治理是个非常大非常广的范围，这些对于我们机构来说，在所有社区里做设计的时候，怎么样能够让一个外来机构快速进入社区，跟居民去建立信任关系，把社区给激活，把这个问题解决，让机构在社区里面沉下去，再把其他一些项目培养起来，我觉得这是非常关键的一个东西。

在所有的社区治理的过程中，首先我们会去做调研，跟我们社区主任、书记去沟通：我们社区的焦点问题是什么。对于一些焦点问题，我们怎么样去根据焦点问题建立我们的需求，我们可以解决需求的梳理，去做关于它的项目设计，针对每个项目、每个需求，培养一支团队来承接。而最终形成他们自己的运作机制和体制，让我们之后能够开展深化项目内容，甚至说我们自己的机构可以撤出，这“5个一”是我们在做社区治理的时候一个非常基础的要求，即发现一个问题，回应一个需求，开展一个项目，培养一个团队，留下一套机制。这也是让社区的社会组织能够长期维持下去的一个关键点，就是一定要有抓手和力量。

我今天的分享应该就是这些。那就不耽误时间了。

主持人：我们的叶子掌握的时间非常棒，我刚刚给你测算了一下，你的语速是我们其他老师平均速度的3倍，说明我们学术有学术的优势，一线有一线的优势吧！我认识叶子也差不多是在2010年，10年以前她是一个小姑娘，是单身的，10年之后她还是一个小姑娘，还没有对象，哪个机构下次能够把叶子老师这个问题给解决掉，我相信她愿意上门亲自跟大家分享，更多的就是大家千万要记住个人的问题，是需要我们解决的！叶子刚刚从头到尾，从一个很小的案例来讲述社区治理，却是非常棒的一个案例，对不对？

大家有没有发现很多机构，进入社区也好，进入社会也好，很想做一些梦想的事，但很少有人会去关注一个细节的问题，一个很小的问题，并解决这个问题。专注的点越小，越能积累一些经验。就是说第1个要发现问题，我们为对方提供什么服务的时候，一定要学会发现问题，我们很多社会组织，包括很多救援队也是一样的道理，每次地震完了之后，第3天、第4天还是吃方便面或者压缩饼干，有个老爷子我看他牙齿都没有，问他压缩饼干好不好吃，他说好，你信吗？但如果我们问那些小朋友们：小朋友，压缩饼干和包子好不好吃、矿泉水好不好喝？小朋友会说，阿姨我想喝AD钙奶，我想吃蛋糕，我想吃水果。所以说真正的需求，来自我们放下自己的身段，慢慢融入这个社区，我刚才就听到了。叶子一开始是没有先去做这个项目的，而是先去跳广场舞，跟他们去聊天，还跟他们打太极，那说明你在社区里学会了不少东西，我相信真正的一线社会组织的负责人，包括我们的社工，从事社区服务一年之后，都会十八般武艺，泥瓦工也会，插花也会，这个项目我觉得是获得成长最多的。大家有没有问题问我们的老师，一定要学会倾听。好的，我们也非常感谢我们的叶玉玲老师，接下来我们有请方明老师。方明老师拥有大量的志愿服务队，来自德清，大家都知道那里有个莫干山对不对？莫干山是个非常好的景区，莫干山上就是他们的志愿服务点，方明他自己本身就一直参与应急救援，他做的事情一是志愿服务，二是应急救援，从这两个维度出发，我们又是如何参与社会服务的？

方明：谢谢大家。我今天 PPT 做得比较急，我平时一直在分享志愿服务这一块，应急服务和参与社区服务这一块也一直在做。我是德清县山鹰救援队的，应该说是国内救援队中最不像队长的队长，一般救援队队长都是人高马大的，体形彪悍。我可能救援服加起来没穿两次，为什么我不穿？因为人家说我穿了就跟个老头一样，所以我就干脆不穿了。

为什么还是要做山鹰救援队？我从 2006 年开始做志愿服务，一直想做一件事情，做专业的人，做专业的事情；用有效的资源，做有效的事情。刚才前面提到专业的社工，我觉得社工是一个专业志愿服务，同时我们在服务的时候，就从事公益的方面，这里在座的也有“老江湖”的，有资深公益人，岁数也不大，跟我一样，但其“公益重量”比我大。从 2006 年开始，特别是 2008 年，我们这边还有一个华夏公益联盟，我一直在关注，也始终在想一个事情，我们作为一个民间的志愿者，作为民间的一个团队，到底选择什么？就在远方还是就在身边？后来我们一批几个志愿者伙伴一直在说远方太远，身边更方便一点。

既然我们要做公益，就要落地到解决人的问题和解决事情上。我们团队其实在 2012 年已经成立了，2014 年正式注册，当时正好赶上民政开放注册无主管登记，就直接注册下来了。我们所有的志愿者都在本市区，我们在 2015 年的时候就开始提出“社区居委员”这个概念，通过招聘，我们在座的都各自组建了团队。总有人喜欢做防灾减灾，总有人喜欢做英雄。我把我们救援队定义为我们志愿者的英雄。在刚才开场的时候，我听到有个英雄已经救了另外一个人是吧？他从汶川开始就是一个防灾减灾的资深志愿者。我虽然不认识，但刚才听到了，因为我对此类事情比较敏感。回到我们现在的内容，我们有61名正式队员，122名辅助队员，我们在每个社区，我主动去有关部门汇报我们怎么去组建。

我们不浪费任何一点资源，我们甚至做到了社区有事情可以主动找我们。德清的12个乡镇，每个乡镇都有我们的一支队伍。我这61名特指跨区域的志愿者，122名是落地到12个乡镇的，每个乡镇有12名骨干、2名协调员。是怎么做呢？我觉得专业加资源。如果讲概念的东西，我也想跟大家分享一下，我们平时在做什么。我们在做第一响应的24项简单的技能，这个技能是让所有的社区居民能简单地了解到。

我们连续6年通过各种数据，分析出一套经得起国内外专家评估的逃生理论，但是比较简单。例如，我们说的地震应该讨论在什么情况下要跑，什么时间跑，在哪里跑？我们到居委会简单地做了一个实验，并且得到一个非常好的效果。有一个3分钟的理念，大家可能听说过，评估怎么跑，看住在几楼，我们以3分钟为界限，3楼为界点，如果你住在3楼，包括3楼以下，地震了，就拼命地往下跑；如果住在3楼以上，就找你认为安全的地方。我刚才所要表达的就是这个理念，我们凭什么就能进入社区，成立社区救援队伍？靠这样的理论。去告诉我们的社区居民，告诉你的孩子，告诉你的伴侣，告诉你的父母，虽然我们这边没有地震，我觉得花半个小时讲理论，不太恰当，但是我就是想把非常实用的东西，通过这样一个案例传递给大家，把我们的资源融进社区治理。

这次帮社区建立救援队后，完成了很多事情，特别是安全方面的。为什么我们大部分城市的社工在社区都做了很多年，七大姑八大姨都认识，但我们的居民仍存在一个问题，当他们遇到灾难的时候，自救成功概率是非常低的，所以我们要教会他们什么？求救。这个课程我们一直在做，也是一直在更新的，考虑到人员的聚集性基于环境的改变一直在更改，这时应急救护该怎么进社区？我觉得公益团队和志愿者，积极参与社区治理，是来满足不同群体实实在在的需求的。这或许是未来我们公益机构一个可以往上延伸的、螺旋状的支撑点！安全是其中一部分。新居民立体化传播，我们得主动跟各市区家庭，跟相关的部门，宣传联络。

现在12个乡镇、12个社区都有我们相应的防灾减灾的志愿者，包括刚才的122名骨干，他们负责相关社区的安全，我们上次应急管理部有一个副市长到德清走访，想看看社区救援队是怎么样的。我们来了三个队员，一个是保安，一个是扫地的阿姨，另外一个是退休老师。我们春晖社区的社区救援不太专业。但有一点是非常专业的——他们是社区里的，是最了解社区的。这就是我想表达的。

我还主动跟组织部说，党员在危难时刻要冲在前面，要拼什么呢？拼技能培训方法。那么需要怎么做呢？党员先锋队有完整的一套方案，大家如有需要，愿意跟当地的组织部门、政府去谈，这边有相关的材料，这些材料也在国家一级报刊登了，我们的省委组织部部长也专门来了解过党员先锋队的应急性问题，毕竟党员要冲在前线！

主持人：刚才我们听方老师讲的很多理念特别贴近我们生活实际，现在我们都在做社会治理、社区治理这一块，这些是老百姓最需要的，我们还应该及时更新观念，要进行设计，这也是我受益的一点，谢谢！

由于今天时间的关系，我们的分论坛就到这里为止，谢谢！

拓展公益项目·助推社区治理分论坛总结

在当前形势下，公益组织如何融入社区，助推社区治理？在第五届全国品质公益峰会上由学术领域、社会组织枢纽机构、社区服务、街道一线服务人员等来自不同领域的四位代表分享了此观点。

第一，公益组织如何融入社区，首先从学术领域拓展公益项目，比如社会组织项目购买主体可以是政府、企业、基金会，包括一些相关的单位。在项目实施初期应该提前了解需求点，才能开展接下来的工作。

第二，从社会组织机构的角度发现存在的问题。为什么有些社会组织进入社区呈现出高大上的形态，分享各种先进做法项目反而不落地，究其原因是整个公益项目思路概念没有提前做功课，比如从如何先改变社区居民乱堆乱放的不良习惯，如何改造一个小小的空间储物等细微问题入手。因此在公益项目实施初期一定要学会发现问题、思考问题、探讨问题，从而才能产生一个解决方案；其次需跟社区工作人员共同分享、共同交流，最后达成共享解决方案，经过一系列必不可缺的环节形成的公益项目方案在实施成功后才能真正解决社会问题。

第三，采用救援概念来阐述。社会组织项目大部分是一成不变的，随着时间推移，当初正确的解决方案若干年后会产生时过境迁的感觉。像发生地震时候的逃生，逃不逃、逃去哪里都是关键所在。有的专家建议躲卫生间的做法其实是错误的，最早这个理论是20世纪80年代在日本提出的，然而现代家庭装修风格跟装修材料完全不同于以前，再躲到卫生间等于慢性自杀。此情况表明公益项目要紧跟时代步伐，不断改进和优化。

第四，分享内容核心。大家耳熟能详，包括组织部、宣传部、统战部、民政、关工委、网信办等几乎所有部门都跟其有合作或购买服务，甚至还拓展到医院购买服务，还有企业定制化购买服务等，不仅仅局限于民政等有限部门。其核心是什么？一个核心的力量，解决了找任何部门或企业合作时都会没有下文的社会问题，让合作方信任并愿意与自身合作。再举个例子，帮助解决百万个视障人士的生活问题，一般公益组织的建议是招募更多志愿者，进行辅导培训，从而为视障人士提供更好的服务；而企业的思维是既然视障人士出行不便，那可开发一款语音软件，让他们完全跟健全人一样沟通，同时驯养 1 万条导盲犬经常带他们出门；而教育领域人士观点则是通过教育让更多的人关注到这个群体，开展更多如盲人推拿、按摩、听钢琴键音等培训班，让其掌握一技之长，从而能更好更快地参与社会就业；金融领域思维当然和钱分不开，他们需启动资金教他们创业和理财技能；科技领域的思维，最直接的办法是借助科技的力量搞人工视网膜，助他们恢复光明，同时他们还建议先天视障人士，可通过基因药物优化下代基因。任何一个行业都会形成它固有的思维解决一个具体问题，最重要的当然是科学技术。科技还未解决社会问题之前，社会组织负责人应联合所有跨界部门人士共同组成一个团队，并运用团队人士的不同思维形成解决方案，更好地为帮扶对象提供一条龙服务。

提升管理水平·助推社会治理

大北：2008年汶川地震的时候，王振耀司长说2008年是中国志愿者元年，到2013年底，国内四类社会组织能够直接登记注册，这对民间的社会组织成长来讲，是一个非常重大的消息。2015—2019年5年之内，中国的社会组织茁壮成长，现在有80多万家。党的十九届四中全会提出了“创新社会治理”概念，并在完善党委领导、政府负责、民主协商、社会协同、公众参与和法制保障的基础上提出构建社会治理共同体这个新概念。我们社会组织在成长过程中，遇到的社会组织、党委政府和居民之间等各类关系怎么处理？我们如何为社会提供更好的服务，让社会组织能更好地成长？在专业和规范化的建设方向上，都有很多可以看到的东西。

今天我们这组分论坛，所有的前期准备工作，都是由苏州的刘海林来准备的，她准备了一整套实操攻略，按照4个维度来跟大家一起探讨，希望在座的各位能够踊跃地发言，把你们心里想的问题都说出来。接下来我就把话筒交给刘海林，谢谢大家。

刘海林：非常感谢大北老师的信任，接到这个任务的时候，我也是特别忐忑，今天我们一起探讨以下几个板块的内容。

第1个板块关于我们社会组织，现场会邀请4位社会组织负责人从参与社会治理的路径和方式来谈一谈自己的看法。

第2个板块邀请了社区书记，今天上午专家的分享里也讲到了，未来不管是志愿服务、慈善公益，还是社会工作服务，都聚焦落地生根，落脚点在社区。在参与基层社会治理时，他会觉得非常顺利。

我一直在做社会组织的培育、孵化和落地，负责社区项目的评估与监管，对社会组织的规范性开展进行监管。大部分民间社会组织刚起步，不够规范，需要整改。我曾经也处理过一个案例，他在适当的整改期内没有整改到位，手里一共有两个项目落地两个社区，我们按照相关的约定要求他全额退款。

现在是第1个内容，我们首先邀请湖州市德清县社会工作协会会长李宏先生。李会长，您做社会工作有多久了？

李宏：我做社会工作已经有 11 年了，像大北老师说的，2008 年是我们社会工作者职业水平考试的第 1 年，到现在应该是 11 年的时间了。

刘海林：是这样的，你可以谈一谈 11 年来，社会组织做服务落地时候的一些变化吗？

李宏：我感触很深，因为我的社会工作是从 2008 年开始的，2012 年我又自己成立了一家社工机构，到 2015 年的时候，我们又成立了社会工作协会，如今我在一家机构担任投资协会的会长，这几年下来感触非常深，一开始我们不知道社会组织是做什么的，成立当初也就是凭着一腔热血，觉得志愿服务也好，社会工作也好，都是利他的，带着情怀，我觉得能够去做一点事情。没有考虑组织战略、规范管理和未来发展等问题。两年之后，我知道我们已经不适应当下社会组织做落地项目，人才跟不上，组织内部的机制也不行，自身能力、管理水平也不高。

这个时候我才开始觉得社会组织并不是我们想象的凭着一腔情怀和热血就可以做好的，而是要有一个专业的理念，专业的方法，甚至有自己的战略规划意识和理念支撑。社会组织必须有使命，有愿景，甚至能够带领从业人员更好地发展，而不是说我想做就做，不想做就不做，这是我很切身的感受和体验。

刘海林：运营一个社会组织真的是一件非常难的事情，如果大家觉得李会长讲的说到大家心里了，请鼓掌。但是我相信李会长刚才分享的这些，可能我们很多一路走上来的民间草根机构心里面都会有这样的感触，甚至我们可能不止一次地去反思，去问自己为什么要这样做。

我们现在就回归到正题，党的十九届四中全会开完，出台了重要文件，社会组织助力基层社会治理，你认为我们能够从哪些角度去探索参与的途径或方法？

李宏：第一，从组织的发展定位来讲，一定要把握社会治理的大方向，我是社区工作人员出身，在社区工作了 10 年，后来转型做社会工作者，我们现在很多的项目都要落地到社区，社会治理跟社区治理一样，我们很多的项目都是从社区治理上升到社会治理层面的，要跟整个大方向契合。

第二，现在社会工作者的人才队伍建设，是我们组织建设的一个重要方向。现在在专业和理念上，不是说我自己想要怎么样，而是要跟多方的相关利益方去做一种合作联动，他们的需求在哪里？老百姓的需求在哪里？不是说我们自己想要做什么就做什么，而是要把这些需求做一个整合，最核心的需求才是我们要去做的那一部分，因为我们现在的人力、物力、财力也只能聚焦到最核心的部分去推动，这样做对我们的社会组织推动更加有利。

第三，因为我是社会工作者，所以觉得自己的心理建设很重要，我很注重团队的心理建设，为什么？未来我们的发展会碰到很多的问题，很多人问我，你跟政府怎么沟通？其实我们就本着相互理解的初衷，在社区沟通的过程中会碰到很多事，一开始也这样，现在我慢慢放下了，我们可能会跟很多的组织、很多的落地社区、很多的部门沟通，很多想法会有冲突，但是我们需要尊重，表示理解，最终达成一些共识，从而推动我们组织去做项目，我觉得未来需要我们从这几方面去努力，谢谢。

刘海林：非常感谢李会长，下面我们以热烈的掌声有请我们湖南省长沙群英会理事长傅强。

傅强：大家好，我是群英会的，很高兴今天下午能够跟大家做一些分享交流，谢谢大家。

刘海林：我就直奔主题了。您做社会服务有多久？

傅强：从 2000 年开始，有 19 年多了。

刘海林：从一开始到现在的变化，能给大家分享一下你的心理以及你的认知的变化吗？

傅强：14 年前，几个朋友组建了一个小爱心团队，我们一起做助学扶贫，今天在座老朋友也是这么过来的，十几年前大家一起来做志愿服务。

刚才大北老师说到了 2008 年以后，各个团队开始发现我们还可以做更加专业的事情，而且那个时候国家开始开放 NGO 的注册，我记得 2003—2004 年我去香港看了 NGO 以后，非常激动，我想这是世界上最好的事情，可以献爱心，可以做公益，还可以有一份收入，这是多好的事啊。非常高兴的事是今天我们的社会组织能够参与到社会治理中去。十九届四中全会已经明确了，这是一个完全不同的概念，就是我们的行业获得了认可，这是非常好的事情。

简单地分享一下，关于社会组织跟政府、社会，还有跟公众在社会治理中的关系。很多社会组织的人员能够很敏锐地发现社会问题，所以在对一些社会问题急于表达和反馈的同时，得到了政府和部分领导的认可，同时也存在反对的声音，为什么？政府官员并不完全希望你只是一个问题的反馈者。或者说，很多时候我们看社会问题和社会矛盾，我们会看哪些？比如说我们助力脱贫攻坚，解决特困户的生存困境，我个人觉得这是生活能力，我们中国现在要全面超越美国，目前来说不是一个社会问题，而是我们的目标，所以社会组织要明确知道，我们的社会问题是什么。

另外，在这些社会问题的解决过程中，我们作为社会组织能够做什么。当说到能够做什么的时候，我们机构通常会分析政府能做什么，企业能做什么，接下来才是社会组织能做什么，这样就形成了一个政策协同的概念，能够让三位一体得到有效的融合。三位一体就是老百姓的真实民生问题需求和政府的中心工作，当倡导三位一体的时候，政府的支持力度挺大的。

再者，从专业角度来看，大家各个领域都不太一样，我们的理解就是社会组织究竟能做什么，可能是政府目前还解决不了的、企业做不到的，我觉得我们的专业有我们的独到之处，我始终相信社会组织不仅仅只是服务基层的群体，还有对于政府民生问题的看法，也可以做一些相应的建议。

上面分享的是关于交流方面的问题，我觉得需要解决这个问题，我们的王牌是公益精神，我们能够更接地气地为老百姓服务，但是服务只是单向的，未来希望能够通过服务吸引更多的老百姓也参与到公益和志愿服务中来，这是个很好的事情，他们不仅仅只是受惠者的角色，而且也是未来的参与者。

刘海林：好，谢谢，我们非常感谢，下一位宣讲嘉宾是蓝星舞工作室理事长胡芳。

胡芳：今天有很多的新老朋友，我的社会身份比较多元，心理工作室是社会组织，我是连续两届金华市人大代表，同时还有其他社会身份，但在这里，因为本论坛的题目是提升管理水平，所以我就从社会组织的角度谈一下具体几点看法。

我们社会组织要善于做哪些事情？首先就是需要社会组织自我提升，自我提升要走出去，才能够走回来并再走出去，比如说像今天的全国品质公益峰会，你走出来以后，才能够和更多的优秀项目交流沟通，能够带回去提升我们的社会组织的管理服务水平。

另外是关于人大代表身份，因为当前我们有越来越多的社会组织的管理者，成了我们的人大代表、政协委员，但是是否能用好这个身份做一些为社会服务的事情？这个时候我们必须要把格局放得更大。我们为什么要做社会组织？其实就是为了让我们的社会变得更加美好，解决更多的社会问题，而社会问题是包罗万象的。一方面我们要有基层的社区服务，另一方面我们还要看到更多的社会问题。垃圾分类是为什么？因为越来越多的环保问题。我举个例子，我做了 13 年的角膜器官、遗体捐献宣传志愿者，到现在我推动我们地方建立了与金华眼库相关的殡葬优惠政策；因为出现了老年人出行难的问题，我参与了地方的老旧小区电梯加装，而且我参与了立法过程和相关工作，包括 16 个字原则；我去年提交了浙江省电动自行车管理条例，相关立法现在已经在修订中。因为有太多的大病救助投入，我们很无奈，帮不了那么多的人，经过一年多的调研，提交给全国两会，建议修改国家药物价格法，从我们国家政策的层面来解决社会问题，这个我觉得不矛盾。因为我们所有的出发点都是为了解决社会问题，如果我们社会组织很独立，就会从这个问题已经产生以后的末端来解决这个问题。但我们还可以有更多的方式，比如说社会组织可以有更多的担当，从参政议政、政策推动的角度来看，我们有更多的措施去影响政府各个部门政策的实施和落地，包括公众的参与，媒体推动。我们的社会组织能够起些什么样的作用？更多的是协同，呼唤更多的人来参与。这就是我想跟大家分享的内容，谢谢。

刘海林：谢谢您，刚才您说了非常多的信息，也是我们很多从事社会组织的管理者关注的问题，我们认为我们最向往的就是通过我们的协同参与，能够让社会的制度变得更完善一点，但是我想问您几个问题，您每一次在做提案的时候，一般需要调研哪些内容？

胡芳：首先需要有一双发现问题的眼睛。还有不仅仅是提出，提了以后要尽可能落地，因为我们最终目的都是让它实现，让社会问题更好地得到解决。

所以我不分享建议，现在我们地方人大代表，包括浙江省委党校，他们也邀请我做实务导师，还有杭州师范大学的公共管理学院、浙江理工大学的法政学院也邀请我做实务导师，希望能够有更多的人，我们大家一起来参与，一起来行动，让我们社会变得更加美好。

刘海林：现在让我们掌声有请青岛五福公益服务中心理事长西兴达。

西兴达：各位公益界的同事们，大家下午好！我是青岛五福公益的负责人，我叫西兴达，我们组织是在2013年由一群传统文化爱好者成立的一个民间群体，那时候还没有注册。在成立的过程当中，我们动员了很多社会的企业家，为我们在做公益的过程当中提供了资金捐赠，支撑了我们从2013年到2016年的经费开支。在这个过程当中，2016年因为很多企业都不景气，动员的社会力量发现五福人生只是在传统文化领域很单调的一堂课程，我们找不到一个落地的抓手，整个志愿服务体系也不是很完整，做了几千场的公益演讲之后，发现我们群体的力量没有我们想象的那样强大。

在这个过程当中，企业家捐赠的数额和各方面的物资越来越少，我们开始探讨组织应该怎样自我造血。从2016年开始，我们就在青岛市民政局注册了市级的服务平台，在这个过程当中也做了很多努力。刚才听了几位老师的分享，我觉得我们公益人应该很明白这一点，不是我们想要做什么，而是社会需要什么，政府需要什么。

用刚才说的社会治理的问题来说，我觉得社会组织最主要的是参与基层社会治理工作。社会治理体系里有我们的党员，我们在做基层动员工作，解决老百姓的问题。今天上午的时候，有一个教授在说我们社会问题的时候，我觉得很感动，也很受启发。他说社会工作要找到一个小的切口，以这个切口不断地放大我们做的工作，发现社会问题后不断提出来，而且要有一套具有可行性的解决方案。

社会治理我认为有很多方面，在我来杭州之前，我去了趟深圳做考察，在这个过程当中发现一件事，政府职能转移服务的承接，谁来做这一点很重要，因为政府的编制在调整优化，谁来承担这份责任？刚才老师说了，老百姓的需求不断地在上升，那谁来满足？靠公务员来解决吗？那势必需要扩充公务员队伍，但如果用这个方法来解决，政府职能机构会越来越臃肿，而现在目标是要缩减的。所以只能由社会组织来解决问题。换句话说，如果说模式复制过去了，当地政府没有合适的社会组织来承接这个工作，真正需要的是我们属地当中的优秀社会组织，我们就定位在我们的孵化平台，可以先去培养当地的社会组织，帮助他们增长能力和拥有平台，大家把能力提升上来了，全国各地，所有在场的优质项目都可以到我们青岛落地，那个时候我们就有承接的能力了，这是对我们参与社会治理的定位。

社会组织通过哪几个方面参与社会治理呢？我觉得第一点，属于政府职能转移型，叫智能型的社会组织，我们的定位就是帮助解决政府的问题。第二点属于我们专业性的服务组织的各个项目。第三点可能就像我们这样定位的枢纽型平台，还有就是商业协会、行业协会等。我们所谓的基金会，未来的社会企业，这都是每一个社会组织可参与到的。这是我对今天这个话题的理解，我就分享这么多，谢谢大家。

刘海林：非常感谢4位社会组织的小伙伴从各自的视角所做的分享——作为社会组织如何参与社会治理。下面进入第2个板块，今天邀请了两位相关部门的负责人，首先我们以热烈的掌声有请我们苏州吴门桥街道双河社区副书记，从他的角度来谈一谈。

双河社区副书记：很高兴，今天来这个峰会，作为社区基层人员，从我个人从业经验来说，我觉得应该有更专业的团队进入基层来解决问题，比如基层现在需要情感陪护类的志愿服务，社会组织是否有相关的专业的团队来帮我解决这个问题？比如文体类志愿服务社会组织来了以后，是不是能够在这方面帮助解决问题？

总而言之，所有的团队和项目，进入基层，要解决的问题是什么？为什么要提升意识形态工作能力？所有的社区治理都需要大家共同参与，是共同的问题。既然是共同的问题，存在问题就要有解决的途径和方法，解决完以后，是否可以去服务更多的人？这个我觉得应该是我们社区以后的一个大的方向——共同治理。

在共同治理方面，社区基层工作必须关注最大的需求，但是每个基层的需求都是不同的，今年要解决的是什么，问题是什么。有些问题我们可能现在给社会组织做，就是今年要解决的问题。如果你今年不能帮我解决这个问题，我的工作计划就会拖延。所以在这样一个情况下，应该让更专业的团队来做更具有专业性的事情，从而达到更好的效果。

举一个简单的例子，小区外来务工人员比较多，大家平时都忙于工作，附近所在的小学没有课后托管，他们平时下班时间都在5点到6点之间，孩子下午3点左右放学，在这中间一段时间他们去干什么？我们再去观察，很多的孩子都是在学校里，学校里没有老师，孩子处在自由的状态，很有可能有安全隐患。出现这么一个情况，我们找到了社会组织，让我们社会组织参与到课后托管工作中去。这个项目大概做了两年半，一开始家长们认为，送了就不管了，从自己也不参加到最后家长愿意出来服务，家长的服务对象是学校里的其他孩子，这是第一类。第二类是根据自身的特长，来服务自己的小区或者社区，用他的能力来做他可以做的事情，来回馈社会，这就是我刚才说到的共同治理。

非常感谢组委会能给我这次机会，向在座的全国优秀社会组织学习。

驻马店团市委副书记：我刚刚从事共青团工作，对我们的社会组织如何去管理和更好地发挥作用服务社会工作可能还没有很好的积累，这一次主要是带着问题来的，进入今天的正题之前，我首先想说两个前提，就是介绍驻马店的两个基本情况。

驻马店地处河南的中南部，市下辖人口有960万人，以农业为主导产业。2个数字：第1个就是驻马店的小麦产量是全国总产量的1/28，也就是在座的每一位每吃到28个馒头就有一个来自驻马店。第2个问题是驻马店的主导产业为农业，导致驻马店的人均收入非常低，在全国也属于比较靠后的位置。我们整个市内有4个国家级贫困县，处在贫困线以下的人口总数是12万人，这个是2018年的数据。为什么说前提？就是说我们整个驻马店市级财政很困难，这是第一个前提。

第二个前提就是驻马店的人口刚才说了有将近1000万人，但是大部分的农村人口以外出务工居多，造成了驻马店的“两多”，一个是留守的儿童多，第二个是留守的老年人多，带来了大量的社会问题。

刚才说第一个前提财政很困难。第二个前提需要社会服务，中间就有一个矛盾，我们能给社会组织提供的资源、帮助很少，但是需要他们来做的事情很多。上个月我让我们的同志统计了一下，我们整个市级政府购买青少年服务的总量，数据报上来之后，我首先感觉报错了，因为我也经常接触这个工作，之前我做这个项目建设比较多，我听到大部分的数据是以亿为单位的，报上来之后，我说是不是全市的？30万不到。我的第1个问题就是，在市政府或者说在政府提供的资源很少、很有限的情况下，如何去激发社会组织的内生动力，就像刚才这位同志说的，实现一种自我造血的功能，这是我的第1个问题。第2个问题想向我们今天在现场的团属的社会组织学习，如何在市内做成社会组织的孵化基地和社工的孵化基地。

就这个问题我也查阅了一些相关的资料，我们现在的社会组织，驻马店的社会组织缺少财务管理、法律保障方面的要素，甚至有些时候不缺经费，但是这种专业化的服务、专业化的引导是很缺乏的，所以这两个问题今天我也是迫切希望主持人，希望大北老师能给我一个很好的建议或者案例，让我回去好好地吸收。

刘海林：非常感谢，书记对社会工作非常了解，为什么说他知道这是一个什么样的平台？

做社会工作我们都知道，首先一个合格的社会工作者作为一个资源整合平台的搭建者，这种需求是非常明显的，驻马店就需要专业的平台和机构。

我相信我们很多社会组织，未来如果有机会的话，可以去驻马店看一看，看看在这方面与地方政府是否有合作的空间。接下来由我来跟大家做一个分享，我是一名普通公益机构负责人，2008 年去汶川做了志愿者，在做志愿者的过程中，我在思考一个问题，为什么社会会这样？如果我们老了怎么办？我是不是应该去做点什么？汶川地震的时候，因为身体原因，我没有办法去现场做志愿者。我虽然不是科班出身，但从案例到理论架构，我学习了解社群力量与专业机构如何有效协作发展。

我刚开始做志愿服务时发现现有的社会组织专业化程度不高，存在资源浪费的现象，导致政府对社会组织产生不信任感。政府购买服务的意愿很强、投入很大，比如助老项目，政府每年投入大量的资金，所以大家会发现你是不是需要专业，需不需要成长，是不是需要学习。我认为如果要参与属地化治理，首先要做到了解属地实情，围绕中心工作，完成属地的攻坚任务，满足当地群众需求。当然我们还要维护国家利益，我们做社会治理或者社会服务的目的是什么？我们是为了让社会更稳定，所以我们要去解决社会问题。首先，愿景要具体清晰。其次，发挥所长。专职人员要用之所长，稳定性要高，且有成长空间。因为我们真正培养出一个社会工作者有一定的周期。最后，整合资源。我们需要学会去研究自己的优势，推动社会组织发展。

2011 年，我们设计了“双造血”项目，我们通过把非遗文化与就业辅助相结合，给弱势群体开设了服务平台，通过学习文化，构建市场营销渠道收取一定的服务费来运维。后来我们自己筹钱把项目做了落地尝试，我们当时服务了 25 个服务对象。

后来我们又做了大病介入探索，一名身患重病的小姑娘，跟她的主治医生谈她的救治方案，然后看了她的保险，就和相关部门做了沟通。最后对她的家庭的经济状况做实质性的核查，每周都要对她的医疗清单、消费支出进行网络公示，让社会来监督。最后达成共识。如果捐赠有结余还用于帮助他人。

提升管理水平·助推社会治理分论坛总结

此次峰会分论坛由3个环节组成。第一环节由4位社会组织负责人分享社会治理发展历程；一个社会组织在成长过程中如何从一个人到一群人再到更多人；从草根到社会组织负责人自身管理能力、服务专业化水平、管理规范化的提升过程。第二环节是相关部门分享会议主题：来自基层社区的负责人认为每个社区阶段性工作和阶段性任务不同，需要不同领域专业化的社会组织介入解决工作中遇到的实际问题；驻马店团市委副书记以市级层面认为社会治理需属地化，通过枢纽型社会组织即枢纽平台，培育、孵化最好的社会组织和项目，在落地基层项目方面做监管评估相关工作并在监管中发现并解决问题。最后环节分论坛现场60余人积极发言，共同讨论探索解决问题的切入点，德清县社会工作协会负责人分享，如何从一个社区工作人员，转身为社会组织工作负责人，从所从事专业的社会工作、走势发展等角度参与推进社区治理。作为省级平台企业负责人的湖南长沙群英会人员，通过与政府相关部门接触加快平台建设，推进当地社会治理工作落地。青岛五福公益负责人以亲身经历讲述服务工作规范和方式的重要性：遵守社会组织管理条例，要有专业人员保证社会服务每项工作的规范性。如一个项目从需求调研到方案设计到实施人员的组建再到执行过程，各项经费的使用都需要按照相关法律条文，同时不断完善自身组织管理制度。由此可见，社会组织要发展得更好，必须真正落实满足社会所需、机构所能、同行所弱3个维度，社会组织发展要听党话、跟党走，成为各级党委小助手。

企业社会责任・助推社会治理

冯志刚：我是《都市快报》公益部的主任冯志刚。我是一个媒体人，也是一个公益人。做了16年的媒体人，现在有非常丰富的资源，同时也做了很多的项目。目前与很多在杭州的公益组织的负责人一起做过公益活动。

在考虑这次谈话的时候，我首先就想到前两天给企业讲的承担社会责任的问题。企业应该承担什么样的责任，好像跟公益组织没有直接关系，这个想法恰恰是错的。我一直认为中国公益生态系统的构建，其中最核心的一点就是从政府、企业到学界、媒体再到基金会和公益组织，是一条生态链。我认为从分工上来说，政府和企业应该是生态链的顶端，公益组织和基金会应该再分出三列做执行的项目。无论从我们政治风险的管控上说也好，还是从企业掌握的资金上说也好，他们都给我们带来一些政策服务，受益的恰恰是我们基金会。公益组织和企业互动太少了，所以就有了今天的分论坛，企业怎么承担社会责任，公益组织怎么和企业发生关系。

我们先介绍一下浙江企业的情况。上个月召开了全球的成本部分情况的会议，数以千计的浙商每年在浙江省政府的组织下召开大会。40年来，浙商创造了很深厚的物质基础，也积累了非常成功的经验，我们说这就是"浙商精神"。浙商企业对履行社会责任的理解，在最近这几年让我印象非常深刻。今年我用了一整年的时间，做了40个浙商总裁的深度专访，其中包括金融集团。很多总裁，在3个小时的深度访谈后提出，企业一年收入不重要，最重要的是这个企业承担多少社会责任。在这个过程中，我们一直认为这些年来涌现了不少如万向集团、新湖集团、锦江集团、九阳股份，包括杭州娃哈哈、海亮集团、华立集团等非常顶尖的企业，这些企业承担了很多的社会责任。

我重新介绍今天出席这个活动的几个我邀请的嘉宾，第一位就是浙江新湖慈善基金会秘书长叶正猛先生。第二位是浙江千训爱心慈善基金会秘书长陈思，她是一位还在北大读研的高才生，非常优秀。第三位是浙江锦江公益慈善基金会的秘书长吴悦。最后一位是九阳股份公益总监黄辉。很多人可能知道基金会是干什么的，至于企业是做什么的，待会儿由他们来做介绍。你们听完了之后，对他们的企业的认知会有所改变。现在今天请出我们的第一位嘉宾——浙江新湖慈善基金会秘书长叶正猛，他的主题是创新和公益项目规划的要旨，谢谢。

叶正猛：谢谢大家，首先想和大家分享的是由公益界人士、学者、教授、专家共同发起公益链，用区块链做成公益的自愿价值的记录，做成时间银行。我觉得这具有划时代的意义，志刚同志公益做得很好，他叫我来说一下我所做的一些事，我就在这里介绍一下新湖公益的情况。

今年是新湖公益成立的第25年，我们企业也成立了25年，做企业的一开始马上同时做公益的有多少？答案是几乎没有。为什么？从理论上来讲，成立公司的时候，一般公司前期资金不足，而新湖集团1994年成立公司，早在公司成立之前，我们老板就已经在证券界做期货和股票，那个时候他要成立公司并且下定决心做实业，所以在成立初期资金就比较充裕，公益也是同时起步的。

去年我们成立基金会，老板担任理事长，在这一行业里的企业，老板兼基金会理事长的情况鲜有发生。因为一旦成为基金会法定代表人之后，都不能再当任何其他地方的社会组织、企业的法定代表人。因此我们老板对于公益事业的执着是难得一见的，对整个基金会的运作也都亲力亲为。我这里把志刚同志讲的一些案例跟大家说说，和大伙讨论一下基金会在想些什么，基金会在做什么，企业又是怎么想的。

做公益其实也是项目规划的问题，2010年，我就跟北京的公益界人士一起到英国去考察社会企业，那时候还不太流行去考察社会企业，从那次考察中我强烈感受到咱们做公益的第一要有情怀，第二要有资金，第三要有方法。搞公益，要想方设法创新，也就是我们规划项目要有新点子。

保险是比较接地气的一种工具，期货是比较专业的金融工具，要把这两种工具结合起来。现在我做了好多品种的保险，在全国好多地方，种橡胶或者其他东西，种了以后风险在哪里？价格过低。所以保险保什么？保收益价格。但是保险公司不是天生的慈善家，它有经济利益，那风险怎么办？所以我们就设计了一块，后面加上期货，拿到期货公司，由期货公司的专业人员做交易，由广大的期货市场参与者来分担风险。从这个过程来讲，公司也几乎没有出钱，但是做了这个工具之后，农民收入有了保障。这个钱，不是保险公司出的，也不是我们付的，是创新以后开拓了新的路。创新增强了实效。不久前杭州也有个论坛，徐永光专门做了个公益讲座，讲这个钱该怎么花。他讲了正反两方面的案例。

公益新模式就是我讲的基金会的模式——资助型的基金会。公认的第一家资助型的公司叫中国儿童少年慈善救助基金会，10年前成立，第一笔钱5000万元是我们捐助的，我们捐助以后叫徐永光一起去策划，把它策划成民间资助企业，这个是我们第一个助推的公益新模式。也有从事学前教育的幼儿园，这个非常重要，我细讲一下。小孩刚生下来的时候大脑是330克，到6个月的时候是660克，到3岁的时候是1100克，到6岁的时候是1280克。1280克什么概念？咱们在座的大人的大脑平均也就是1350克，也就到六七岁的时候，孩子的大脑已经跟我们成年人很接近了，所以这个时间从1岁、2岁开始到7岁以前，是人生非常关键的时候，也是学习、教育最重要的时候，我们做学前教育，人家也做了不少项目，但是我们给他的一些创新点在哪里？需要把形式做得很全，我们配备硬件，既有新建的项目，也有偏僻山头的改扩建工程，并和有经验的中国发展研究基金会合作，这是第一个形式创新。第二个方面是这个项目现在在全国有影响，为什么？我们在一个幼儿园进行帮扶，这是我们的创新。我最后再讲一条路，这个是现成项目，经过创新提升以后，也是创新。如何做好公益，我开始说了一定要有钱，我们下面有个湘财证券，它做精准扶贫，自己也用点钱，但是很少用钱。它怎么做呢？就是把全国的农业院校、农业科学院里的专家联合起来，成为公司的智囊团，让优秀的实用农业技术项目落地。比如有一种农作物，俗话叫钙骨，含钙量非常高，种了以后不出口，在河北、内蒙古、山西，我们往全国各地推广。现在要做好转变工作，中央也一再强调，要调动农民补助对象的积极性，调动它的内生动力，内生动力挑起来了，创新也就提高了。我们公司现在做的项目叫美丽乡村建设，即为居民改善环境、改善农村基础设施、提升农村自然环境、发展乡村实业4件事情。其中基础设施以政府为主导，把农民积极性调动起来，就有新动力、新效益。更主要的是以后发展有了后劲。

真正的创新是给客户创造新的价值，所以我们做公益的人，你只有给我们公益的客户提供更多的利益了，客户能得到更多的好处了，你才能真正说自己创新了。

主持人：我一直认为他会讲他的项目，他们真的做了非常多的项目，集团干什么他就讲什么。建议大家可以打开手机，用你们的手机在百度上搜一下关于新湖集团的资料，第二个是他的金融，第三个是基础设施建设，包括很多的码头、道路、城市燃气管道建设，都是他们参与投资的项目。他们还做生物制药。所以说他们这几块产业，其实在全国来说，这么多年下来，真正做到了非常棒。当时我们也是深入地采访这个企业，从今年6月到现在他们共资助了30—35个孩子，这些孩子全部考上了大学。当然这也是一个触动我的项目，这个项目因为时间的关系中断过，我觉得在互动过程中，你也可以做一些深度的交流。第二个我想请浙江千训爱心慈善基金会会长，别看会长年纪小，但是他真的很厉害。因为他在北京大学学的硕士专业就是国民慈善。他到基金会的时间并不长，但是他关于社会企业压力投资、社会价值投资、公益金融的思维都有自己独到的见地。他说这个主题好像跟今天的企业社会责任有一点关系，后来又改了个主题，就是新时代企业家精神。看看他讲的企业家的精神，从社会创造者到社会服务者的转变，他们在公益和慈善领域是怎么来思考的。

陈思：大家好，我来自千训基金会，下面先简单地自我介绍一下。我从2013年开始进入慈善公益领域，但是最早我是做企业公益的，那个时候都是服务一些大的外企、国企和民企。大家也知道国内所说的企业家精神，包括说企业社会责任、可持续发展这样的概念，都是从西方传过来的，他们叫企业家为社会企业家，这些名字都是刚刚叶老师有提到过的，大家就会发现最早我们都是跟国外的这些比较成熟的外企学，学习他们是怎么承担企业社会责任的。

我从2019年开始，到杭州来担任千训基金会的秘书长，我们也做了一些尝试和改变。今天跟冯哥讨论，我的题目非常长，叫“新时代企业家精神社会创造者到社会服务者的转变”。在座的各位有人看《奇葩说》这个节目吗？我看《奇葩说》并没有学会怎么辩论，而是学到了什么是解剖，一会儿咱们把这几个词解剖一下。先简单地介绍一下我们基金会，千训基金会是2011年正式注册成立的，缘起于2008年。2008年汶川地震大家都知道，也是当时我们把2008年称为中国公益的元年。2008年汶川地震的时候，当时千训基金会创始人，一些中小企业家，他们自发以志愿者的身份到了灾区，但是单纯以志愿者的身份去是会添乱的，所以当时这一批企业家们又有一个共同的身份，他们在心理咨询方面接受过一些专业的训练，所以当时就跟随三个部门一起进入灾区去做灾后的心理重建工作，卫生部（现为中华人民共和国国家卫生健康委员会）还有全国妇联京韵基金会的这支志愿者的团队，是跟着全国妇联一起去的，当时做了一套团体辅导课程。

这个课程并不是面向灾区人民的，而是主要面向进入灾区的工作人员。大家知道像解放军战士，还有一些医护人员，他们走到灾区看到那样的场景，心理上也会受到一定的创伤，因此，我们给他们做了一套课程。这套课程效果非常好，大家就觉得不能让课程在灾难过去后就没有了，于是就把它变成一种社会化的课程，进而逐渐演变成今天的品牌公益项目——幸福密码。在2008年，这群企业家们走到了四川，走到了当时受灾最重的几个地方，其中一个地方是广元的安州，还有青川，就是这两个县。这两个地方现在我们每年都去，当时企业家们说了一句话，也就是我们的创始人，现在的名誉理事长，他说了一句话，他说只要我们活着，我们每年都来。今年10月份的时候，我也是第一次跟着我们的团队一起走到我们的资助地，到了那个地方之后，地方的教育局看到我们这一群穿着橙色天使服的谦逊的志愿者们，感觉就像过年了一样，看到家人们回来了，他们说2008年汶川地震之后来了这么多家公益机构，到现在每年都会来的只有你们一家，所以我说千训基金会的缘起与发展，其实是来自企业家们的情怀。

2011年的时候，在浙江省民政厅注册基金会，一直到2017年，最初基金会都是筹资和做公益两条路，面向企业家群体筹款，在公益项目支出方面，主要是助学、扶贫和心理援助这三大方向。在2017年之前是非公募基金会，那个时候没有像现在这种互联网公益，当时完全没有这个概念，而且当时也没有全职的团队，主要都是企业家们，他们以志愿者的身份来参与基金会的运营。到2018年发生了两个事情。第1个，基金会完成了一个小目标，这个小目标是什么？是累计募资超过一个亿，完成了小目标之后，当时理事长就提出，有没有可能我们在未来三年之内，能够达到一个新的小目标，每年的筹资额能不能达到一个亿？

因为当时就已经有专业化的队伍了，但是大家一听说这个还是觉得有点难，这不是我们秘书处十几个小伙伴就能完成的事情，这个时候也有了一个新的契机，就是2018年的时候，千训基金会获批公募资质，有了公募资质，我们成立了公募基金会，这个时候可以开放平台。到2019年我们就一直在平台化转型，也利用我们的一些筹资的工具，把渠道开放给我们的合作伙伴们。

2019年带着团队第1次尝试参与联合劝募，千训基金会带着20家机构上了30个项目，九九公益日，三天投资1100万元，过去一年1000万元，现在可以做到三天1000万元，这个是一个团队达到的高度。所以如果要简单地介绍一下千训基金会的话，就这三句话：“一点小目标，一点小情怀和一群人共立。”这个过程当中也获得过一些认可，这当中比较看重的是2016—2019年这3年，中基透明指数满分100分，这个是谁提的？刚刚叶老师提到的基金会中心网，他们就是专门考评我们各家基金会的，透明度包含管理的透明度、财务的透明度、支出的透明度，还有跟公众沟通的透明度，所以是非常看重这一点的。我们连续5年透明度都是100分，而且2014年底到2015年初的时候，获得了5A级社会组织的等级评估。

企业家们能够比较敏锐地察觉社会问题，而且能够创造性地提供解决社会问题的方法，也是这样让企业家精神成了推动社会进步的力量。到今天能够看到的是，中国的某些企业，或多或少地在主动承担一些社会责任，既有一些内因，也有一些外因，要有一个企业形象或者是有一些公益营销，买一瓶农夫山泉就有一分钱捐给希望工程，还有一些是我们要面对政府的监管，还要面对我们行业内伙伴们的一些规矩，甚至有一些最基本的要合法合规，供应链管理这些，不管是内因还是外因，都在促使着我们这些企业主动地承担企业社会责任。

但是如果你们是有上市公司的企业，就要发企业社会责任报告；如果你是在港股上市，你们要发 ESG 报告，社会责任报告跟财报有什么不同？如果是财报的话，是给投资人看到当年的成绩，当年的成绩单如何？社会责任报告是什么？它相当于一个“三好学生”证书，我要看你除了成绩好以外，是不是有良好的学习习惯，是不是跟同学相处融洽，如果能具备这一点，作为一个投资人，我基本上可以判定，在未来一段时间内，你可以可持续性创造优质财富，这也是为什么企业现在都会越来越关注做可持续发展，要做企业社会责任，因为它在更长的一段时间内会给你建立这种竞争的壁垒。

大家知道我们全国现在一共有 7000 家基金会，其中企业基金会有 1000 家，非常厉害的是咱们浙江这边的企业基金会就占了 1/5，我们有 200 家，因为我们整个慈善公益的大的生态里面，企业已经占据了非常重要的一块了，我们浙江更是独占鳌头。

我自己个人也算是中国或者说是浙商的企业家精神的受益者，因为刚刚志刚也一直在介绍，我在北大读的是社会公益管理硕士，这社会公益管理硕士项目就是当时我们银泰的沈国军先生跟北京大学合作共建的，当时我们开学的第 1 堂课是马云校长过来给我们上的。

为什么会有这样的一个项目？因为当时沈国军、马云这些企业家们，他们在做自己的基金会的时候发现，现在做企业，想找一个人来帮我捐钱难，想找一个人来帮我赚钱不难，各个领域都有专业的人才，做上市的，做营销的、做技术的都有专业的人才，可是他发现当他做一个基金会的时候，他想要找一个专业的人来帮他做筹资，甚至帮他花好钱，就没有那么容易了，找不到合适的人。所以他们几个企业家就干脆一起跟北大做了这样的一个硕士研究生的研究课题，专门为行业培养这种职业经理人。把自己定位成是慈善公益领域的职业经理人比较有意思，我们第一届一共是 27 个人。比较有意思的是昨天在上海参加了筹款人大会，筹款人大会是面向全国比较主流的大家的这种基金会也好，或者是筹资主体也好，大家回来分享他们自己的这种筹款经验。这次在参加筹款人大会的时候，我们发现它简直成了一个同学聚会，这里面有敦和，有南都基金会，有现在好公益平台的负责人，有现在阿里巴巴公益的负责人，有阿拉善基金会的秘书长，还有安利基金会等。当企业家发现这个行业现在可能遇到一个瓶颈，他们就创造性地提出了一个解决方案，就是我们要做这个行业的人才培养计划，如果人动员起来了，这个行业就会很快活跃起来。

大家现在也会发现，现在的公益商业边界是越来越模糊的，有商业组织也在做，尤其是像养老领域，其实从公益到商业的跨界，或者说是商业路径的演变，现在是非常多的，这是为什么？是因为我们现在再来看待企业的时候，我们不光是去看它的经济效益，我们也会考评企业社会效益，如果把我们现在所知道的政府事业单位、企业放到一个大的图谱里面，我们用社会绩效和经济绩效两个维度来考评，大家会发现社会绩效最好的一定是政府，经济绩效最好的是民营企业，但是这当中一定是会存在一些界面组织的，国有企业是有社会责任的企业，也就是说它作为一个国企，已经或多或少地在承担一部分政府的职能了，不光在赚钱，也给居民提供最基本的生活保障。这里面我们现在也发现有一些NGO是非营利的组织，可是我在做的事情其实也能让我们有营收，不代表完全不赚钱，比如说我做一些慈善商品，一些扶贫的产品。而且还有一些刚刚我们提到的这种养老关注的一些亟待解决的社会问题的这些组织当中，有很多的社会身份是模糊的，它是在工商管理部门注册的，我们就认定它是企业，如果它是在民政部门注册的，你当它是NGO、NPO也好，但实际上在座的都是识别社会问题以及提供解决方案的，所以其实像营利、非营利的分类是因为我们国家法人制度的这种做法，在其他的国家，大家不是这么分的，大家会先分公法人、司法人，司法人里面还会分财产法人和非财产法人。

在这样的划分方法之下，现在很多学者也在倡导，是否把它作为第4类社会组织认定，除了政府、企业第三部门以外，是否需要再做一个第四部门的认定，如果说能够配套出来很好的财税制度，让大家以企业的身份运营，还能很好地解决社会问题，何乐而不为?

刚刚给大家也提过一些，就现在的情况来讲，慈善公益已经到了职业化和专业化的程度，为什么我们现在可以三天做到1100万元，是因为针对我们的需求方，我们可以给他提出定制化的方案，比如说跟企业的合作。因为我之前也做企业咨询，所以我可以帮助我们专项基金的这些合作伙伴跟企业沟通。

第二部分是政府公共部门的项目拨款，比如说我是做市场营销的，我就一定要再带一些这种市场的露出率或者做销售转化；如果是品牌部门的经费，要能做一些项目，来提升企业的美誉度；如果是工会的经费，就要让我们员工更多地参与进来，让我们提供员工志愿者服务，或者让大家更认同我们的企业文化。因为我们理事长自己也是企业家，对于基金会运用工具的能力要求非常高，所以我们也很开心，我们现在的团队成员都非常年轻，刚刚志刚说我们都是95后，非常年轻，我们对于现在新兴的互联网化的工具和方法，针对现在包括浙江本地之内，我们可做的这些事情，打磨了一些工具，比如说像互联网筹款，我们今年99公益日也挖掘了几个比较有潜力的合作方，其中一家合作方跟腾讯团队又做了进一步的沟通。他们现在信心满满，觉得今年过年期间就要先筹1000万元。还有一些比如说是像这种团队圈，我们现在有一些想法，什么样的人可以组成这种圈？其实有好多，比如说参与过你们活动的人，成为过你们志愿者的人，甚至是你们曾经的受益人。

我刚刚提到过我们在四川资助了十几年的当地的教育局，他们现在就有这样的一种反馈，他会觉得我们也想为这样的事业来做一些反馈，他们会调动整个的教育部门，让校长们和老师们一起再来调动他们自己身边的这种爱心的力量，还有包括我们现在也在做一些这种志愿者的积分系统，还有捐赠人的一些后续的服务系统。

这些都是现在国内公益比较稀缺的，也是尝试打通的，包括我们从美国引进的小额捐赠人的一些概念，现在也已经尝试在做了，我们将这种小额捐赠人的基金叫作专属基金。这些理念都是我们现在在探讨，而且已经有成熟产品的，包括像年会型慈善的板块，还有运动的筹款，因为我们自己2017年之前签约基金会是不对外做筹款的，我们所有的存款其实就来自年会，我们把我们的企业家们召集到现场，大家都已经做好准备，慈善义拍、慈善义卖、公益项目的认领，要怎么把它变成一套完整的流程，也是一个技术活，所以我们现在已经整理了一个可以面向行业伙伴来开放的流程，除了我们自己做年会的筹款以外，我们也帮合作伙伴，今年已经有4个合作伙伴，我们其中一个是企业捐赠方，他们的年会当中的慈善公益的部分就会由我们来帮他们一起做。

我自己个人对于“企业家精神”这个概念是非常尊重的，而且我认为它是这个行业、整个社会非常稀缺的资源，如果能够带领社会更超前地往前发展，我认为一定是由企业家精神引领的这种先知型的公益。好，谢谢大家，我分享到这里。

主持人：感谢，我想作为一个公益组织也好，作为一个基层的义工组织也好，或者说基金会也好，真正的前端的领域就应该是这样，不管你怎么做这个项目都没有关系，因为你是落地，但是如果你的思维还总是停留在最初的项目上，我说实话这样是不行的。我们跳出来看看这个世界，听听他们的想法。每次听完之后我都受益匪浅，所以我今天最担心什么？最担心我们的这些基金会来讲自己的，没法跟你们互动。二是我还是希望找到双方的一个契合点。所以私下如果对那些比较有兴趣，我觉得可以单独聊，因为时间原因，我们现在请出第3位提案嘉宾，浙江锦江公益基金会秘书长吴悦，她是一个非常有经验的公益人，因为她在此之前是公羊会的秘书长，而现在是作为锦江集团基金会的秘书长，所以我现在有请吴秘书长来分享，她的主题是如何有效地承担企业的社会责任——产业加公益的锦江模式！

吴悦：我叫吴悦，今天分享如何有效承担企业社会责任，我在 10 年前进入这个行业，作为一个职业的公益人，2018 年 4 月份受邀作为负责人接手，如何来启发企业产业跟公益相结合，和在座的各位老师做个分享。在公益社会组织的圈子里面，所谓的企业社会责任指的是上面的慈善责任，但是对于一个企业来说，企业的社会责任，最基础的是经济责任、法律责任、伦理责任，而企业的慈善责任只是一小部分，也是相对来说在金字塔上面比较高的部分，需要企业有相对比较雄厚的资金支持。

我们想的是如何在我们这个企业里面更好地履行我们企业基金会的责任，更好地将基金会和企业关联起来。所以，我们当时定位的时候也做了分析。有的基金会是为了赚更多的钱，实施企业社会责任战略，走可持续发展道路；有的是做一些跟赚钱无关的事情，与企业的主营业务关联做慈善事业。而对于我们来说，当时接手的时候我们要怎么做，除了听一下企业本身的诉求以外，我们怎么来定位企业基金会该做什么？我当时在想，最主要的就是企业基金或者经济活动和社会活动的关联设计，最关键的是不要脱离企业本身的主营业务。所谓的企业本身的主营业务价值怎么来解释，可能就是说我们基金、我们企业做的是实业，它做有色金属，还有环保，另外一块是化工和新材料，我们如果脱离了这几个企业最优势的产业板块，如果说我们去做跟这个产业没有任何关系的业务，比如做养老方面或者是做教育方面的，相对来说企业就会脱离核心，所以我们希望结合企业的一个优势来做公益，这样可能对我们公益基金会来说更有助力。

所以在企业的基金会成立以后，我们对企业也做了一个详细的分析。锦江企业是成立了 35 周年的实体企业，是做实业的一个公司。产业板块大概有 5 个，营收近千亿，主要的产业板块是保护环境、能源、有色金属、化工和新材料，同时有贸易和物流，包括金融、畜牧产业板块。业务范围遍布中国各省，也涉及了新加坡、日本、印尼、越南、印度和巴西等国家。

我们的产业布局，主要的三大产业板块是能源、有色金属、化工。所以我们首先考虑的是我们的工艺怎么跟这三大板块做结合，能从这三大板块中做到跟公益相关的项目。环境、能源主要做的是垃圾焚烧发电，基本上在这个领域里面属于领跑者。这个板块也属于公益的一个板块，因为它是 1993 年开始做的，现在有 22 个已经在运营的发电项目，在建的 21 个发电项目覆盖到 21 个省的行政单位。它每天的垃圾处理量将近7000吨，如果我要跟公益相结合，那么在环保领域它的专业度远远超过了我们公益人的专业度，所以我们当时就想这个领域暂时先不做接触。它这一块相对也比较成熟。另外一个产业板块是化工和新材料，光学膜产业的一个整合者，它主要有三个板块，一个是盐化工，一个是煤化工，还有一个是光学膜化工。光学膜这块因为现在所有的人可能人手一个手机，人手一个电脑，所有户外的大屏上面能显示它里面有很多层膜，而这个膜现在的生产者锦江也属于这个行业里面的一个整合者，居于前三的地位。所以，要考虑到这些产业板块以及它的优势，能做什么公益，怎么来定位刚刚成立的企业基金会，做什么样的公益才能跟这个产业相匹配，跟企业相匹配。根据做公益项目设计的一个原理，也询问了捐赠人的意愿，捐赠人希望我们能涉足教育领域，因为从锦江成立到现在，在基金会没成立之前，投入了大概两亿多元的捐赠额，其中80%捐给了教育，基本上就是助学，投给大学这样的一个额度，所以我们企业的老板也好，企业高管也好，他们都会倾向于教育一些。定位了教育以后，我们就想如果基金会做教育能做什么，就去做了一个教育的社会需求调研。当时企业老板希望我们在浙江做一个教育项目，最好放在金华市区、兰溪，所以我们去金华跟当地教育局进行了沟通，大概从4月份一直到7月份，来来回回沟通了好几次，最后我们就定位在了教育信息化。为什么定位在教育信息化？因为教育信息化跟我们的产业板块有结合点，而且在它的硬件终端上面是有优势的。我们教育信息化这个项目也不是凭空做出来的，而是去了解的时候发现它本身就已经在好的学校，在一些优质的学校里面有应用，所以大体的模式是像黑板一样的改革。最早的时候我们用的是一个水泥黑板，后面是投影，划到现在技术阶段的话，它已经是教育一体机了，发展到现在最新的是纳米黑板。另外就是有一个常态化录播设备，在这个方面，我们能发挥优势，跟我们的光学膜、产业板块，包括我们的旅游产业板块有所结合，在整个光学膜捐赠项目设计里面，一个教育信息化的教师，有从5万元到50万元的跨度，它的成本也是不一样的，但是核心的部件是教室里面的智能一体机，还有教室里面的录播设备，这两个设备都能跟我们的产业关联上。拿一体机举例。因为一体机主要原料是铝材料，所以如果进入教育这个领域做公益，我们一定跟产业相结合，于是我们就做了教育信息化的项目。这样可以实现社会效益与经济效益相统一，虽然这个东西不是我直接生产的，也不是我们捐的，但实际上只要有我们一部分零件就总能推动我们产业的发展。后来我们的核心定位就是产业加公益。另外，这个项目现在也进行了一年多了，今年刚刚拿了慈善项目奖，我们的想法就是发挥企业的优势特长来参与公益，这是企业有效承担社会责任的核心。对企业基金会来说，我们认为最关键的不是社会需要什么或你去做什么，而是社会需要的时候你有什么。你要资助一个人，你有一个苹果和你去买一个苹果的成本是不一样的，这是我们对企业基金会的一个定位，我们现在涉足诸多领域，做教育、信息、助学后还有环境保护和大健康，还有一个板块是科技创新，所以我们定位了这4个板块，但是我们目前仅仅只做教育板块。我刚才介绍了我们企业基金会的一个大概的情况，如果在座的有兴趣，希望也能跟我们合作和沟通。

主持人：接下来我们有请九阳股份银行公司的公益总监王辉，他们是真正的小家电，最适合和我们讲一讲，他们做的就是2010年到现在10年，开展了一个关于农村的小学的厨房改造项目，这个项目已经拿过了很多奖，他自己一直在找很多的合作方做对接。

王辉：各位公益界的同仁们，公司创新以及公益前沿的，包括锦江的产业跟公益的模式，包括叶老师、陈思思她讲的很多东西都比较高端，我说的应该是比较宏观的。我今天的话对大家来说也能够有助于更加清晰地去了解九阳怎么做公益以及九阳怎么去实践它的公益设计。我今天分享的主题是企业公益的设计路径实践。我叫王辉，实际上我最早参与公益是从一名志愿者开始的，在企业做志愿者，也有幸成为全职的公益人，到目前为止，世界上也只有两个小家电品类是中国人发明的，一个是豆浆机，另外一个是机顶盒，但实际上我们目前的机顶盒都已经被各种盒子替代了。

九阳从豆浆机开始起家，目前覆盖到家庭用户的各个领域，我们25年来一直围绕着家庭大概4平方米的厨房空间去努力。九阳从1994年生产第一台豆浆机开始，一路走来创造了整个家庭健康服务的产业。到目前为止，整个九阳的产值规模大概有80多亿元。

在九阳25年的发展过程中，我们一直在说聚焦家庭的健康，以及为我们的国人去创造健康的生活方式，所以说在我们整个九阳的公益实践里面，我们一直聚焦在最核心的词，即健康公益的上面，并关注健康公益。在整个九阳的社会责任体系里面，我们主要分了6个板块。第1个板块就是健康教育的健康领域，跟大家分享我们“希望厨房”这个项目从源头到目前设计执行过程中的细节。

第2个板块是公益助学，我们从2008年开始资助贫困学生，我们在济南设立2000万元的慈善教育基金。

第3个板块就是源于我们自己的产业优势，因为九阳做的是豆浆机，我们就往上走，从大豆种植去追溯，围绕着大豆领域去做产业扶贫，其他几个板块包括救灾、高校科研，都属于我们相应的一些应急型的公益慈善项目。

今天和大家分享的是最核心的一个社会企业公益项目，就是“希望厨房”。早在2009年，我们在启动这个项目之前，就组织了一批企业内部的志愿者和外部专家，包括媒体记者，走访了中国贫困地区的200多所学校，我们看到了一个很触目惊心的数据，贫困地区5个孩子里有1个孩子是营养不良的。

针对这个项目我们做了调研，这200多所学校里面有72%的孩子告诉我们，上课上到一半之后有明显的饥饿感，因为中午吃饭吃不饱，甚至有些学校就没饭吃。虽然我们希望工程以及义务教育阶段普及，孩子们的确是能够进得了学堂，但他进不了食堂，在10年前他进不了食堂，没有食堂来吃饭。我们都说教育是阻断代际贫困的有效途径，但是如果说我们的教育只是关心孩子的知识成长，不去关心孩子们最基础的身体健康的成长，这种教育肯定是没法有效阻断代际贫困传递的。

当初看到的实际情况是一所学校的厨房，孩子们中午上完课在屋檐底下吃，平时他们是到操场小树底下去吃饭，那天正好下雨，孩子们端着饭菜在墙角吃饭。

我们曾经在广西都安看到一所学校，孩子们刚上完课，就要进入他自己的另外一个小伙房，孩子们开始生火、做饭。同时我们也看到有些好一点的学校，虽然说能够实现厨房共餐，但是厨房条件是极为简陋的。学校的老师、校长可能是前一分钟在课堂上，下一分钟就要进入伙房给孩子们去生火做饭。

这个项目源于2010年，但是到2019年我们还能看到这种状况，所以，我们早在2010年的时候，就跟中国青少年发展基金会和希望工程那边商量捐资5000万元设立九阳希望基金，专门为贫困地区的学校建厨房，让孩子们能够吃上饭，让学校能够提供更加健康安全的生活条件。

从2010年开始持续了10年的公益项目，我们主要是给学校提供电器化的厨房设备、不锈钢加工器具，还有厨房里消毒保洁类用品，我们的公益项目做厨房有天然的优势，在实践里面我们做的一个最核心的事情，就是我说的发挥九阳的厨房产业的优势，把产业的能力赋予到公益项目里，这是我们对这个项目的一个最核心的定位。

到目前为止，九阳已经在全国的27个省（区、市）222个区县建成了超过1000家希望厨房，每天中午有50万的孩子在我们的“希望厨房”里吃营养午餐。

在做厨房项目和实践过程中我们发现了另外一个现象，虽然孩子们吃上了饭，但是孩子们浪费食物和不健康的饮食生活方式变得越来越明显，特别是在我们城市，孩子们的营养过剩和不健康饮食习惯越来越凸显出来。因此我们在2014年的时候，在原有基础上做项目升级，我们做饮食健康教育，这也是我们时时御工坊的一个项目雏形。我们在建好厨房的基础上开始做教育，最早设计项目的时候，我们在农村做实践，发现农村可持续性很差，我们目前在城市学校做饮食健康教育，开展食物认知、制作、感悟的知识教育。这是在我们开发区的一所学校，实际上九阳希望厨房从2010年起步到2019年正好是我们项目的第10个年头，我们一直升值一个数字，就是1730所厨房，我们也只能让一部分人受益，因为这是需要更多的力量参与的，所以我们在项目实践的过程中，通过自己的影响去带动更多的社会力量或者企业伙伴去加入公益慈善领域。

实际上我们也看到在2011年的时候，国家政策强势介入，包括那时候免费午餐的兴起，每年有160亿元的学生营养餐补助给我们的孩子。

我自己一直在思考这个问题，很多公益伙伴，看到这个社会问题，也一直想着解决，因为社会问题终归是需要更多的社会力量去介入去参与的，但是对于商业主体来说，它有能力撬动资源，去探索社会问题的解决方式。这种社会问题的解决方式，我觉得应该是公益最擅长的。

实际上在做项目的过程中，我们一直在思考，什么样的公益项目有价值？引用一句话，也是公益界的大咖图蒙先生的一句话，如何评估项目的有效价值，看我们帮助的人是否因为我们的帮助懂得了感恩，他的命运是否得到了积极的改变。

在2019年我们去做了这个项目的10周年评估，我们想去了解我们的受益人到底发生了什么样的改变。因为项目实施，他对我们有一个什么样的认知。我们后期跟另外一个咨询机构做了关于检查希望厨房的项目评估。我们去评估10年前和10年后，项目实施前和项目实施后，以及我们的相关伙伴员工对公益项目的认知。

这里有一个很有意思的评估模式叫社会投资回报率，关于财务投入产出比，引入公益领域，叫作社会投资。我这里有几个很有意思的评估结果，就是说我们在设计过程中，因为很多社会公益投入产出，很多的产出是看不到的，但是在我们的项目里面，我们看到了很有意思的产出结果。第1个我看到了我们的学生的营养改善，比如说孩子的贫血率下降了。第2个我们也看到学生营养健康状况改善，因为我们在评估过程中发现，我们项目实施后，学生的患病率下降了，同时预示着当地的家庭的医疗成本开始下降了。孩子的体质增强了，贫血率下降了，我们是不是可以理解为孩子们未来5年或者未来20年，他的健康体质提升？健康体质提升是不是意味着劳动能力的提升？我们把这些指标进行货币化评估。同时我们也看到学校工作人员的效率提升了，效率提升意味着学校给孩子们做饭，他的经费投入降低了，我们把这些可视的指标进行货币化核算。

详细来说就是观察到了学校厨房几个指标的变化，因为每个指标是最后算出来进行货币化运算的。九阳希望厨房公益项目，从2010年开始到现在为止，所产生的可量化的社会价值达到2.3亿元，相当于说我九阳一块钱的公益投入加上社会和当地政府的配套投入，它所带来的价值是8.33元，就是233%的社会投资回报率。我把觉得很有意思的模式跟大家分享，因为我们也看到有很多伙伴说今年做了什么样的公益项目，我10年前做了什么样的公益项目，但它恰恰很难去看到一点，这个项目做了之后到底结果什么样。我觉得我们自己做公益项目的时候，大家会把前端设计好，但是怎么样去定位和梳理这个项目，就需要理性思考我们的公益项目的未来发展了。

在这个过程中，刚才有几个细化的指标没跟大家分享，比如因为厨房的改善，学生的就餐人数增加了30%，这30%的增加意味着家庭的劳动力的释放；同时我们也看到营养不良率下降15%，孩子们的身高、体重在项目实施前后有了明显变化，今年跟10年前的数据对比，就增长了将近4厘米的身高。

做公益项目在设计过程中有目标导向，我们的目标导向是关心我们的受益人，关注我们捐赠人在这个过程中的生活的改善，因为在评估里面有很多东西没有呈现，包括员工层面的、消费群体层面的和经销商层面的，难以做到全方位360度的评估。最后，我想跟大家分享九阳在公益路上核心的实践路径。

第1个就是刚才其他几位嘉宾也提到的很核心的一点，公益情怀促生了很多公益项目，因为我们创始人团队里面曾经有3位创始人是教师出身，他们有很强的教育情怀，所以就把很多的公益项目都聚焦在教育领域。第2个就是企业公益的核心能力，我们认为资本能力并不是核心能力，应该是企业的产业核心能力，才能够赋予企业公益力量。第3个公益的先知性有助于快速识别当下社会公益的核心问题。第4个，我觉得对于企业公益也是很核心的一点，就是公益的企业社会责任和本地化使命。我们一直说企业在发展过程中，有可能对当地的环境造成一定的破坏，所以社会公益首先一定要有一个比较强的本地化使命。第5个，产品公益定时做升级优化，从厨房开始到做食物教育，也是一个定期的升级过程。因为我们原先是跟希望工程合作的，未来我们也会有自己的独立基金会去运作更多关于学生的营养健康公益项目。我们认为很多的公益项目有很强的边界性。

最后一点我想跟大家分享的是社会公益产品的知识产权保护问题。实际上很多的社会组织存在知识产权保护的问题。马云公益基金会注册了各类跟风清扬域名有关的知识产权，所以我觉得任何的公益组织一定要注重自己的知识产权保护，同时也尊重其他公益项目的知识产权。

提升赛会服务・助推城市文明

项颖：先自我介绍一下，我是论坛的召集人，团市委志愿者工作指导中心的项颖。希望今天大家能够畅所欲言，毫无保留地对我们杭州的赛会服务提出一些建议。大家平时开展服务的时候，有好的经验做法，能够结合我们今天讲的赛会的服务的主题，也请畅所欲言。当然我们也邀请到了三位高校老师代表，分享他们的赛会服务经验。我想，可能大家对于赛会服务会有一些概念上的疑问，什么叫作赛会服务？顾名思义大家会想到的赛会服务比如奥运会服务，但其实赛会服务的范围是比较宽泛的。很多大型活动的志愿服务都可以被视为赛会服务。接下来我们先给大家看几个宣传片。

根据 G20 杭州峰会筹备工作要求，2015 年 4 月成立国际公共医疗卫生与志愿者服务部，采取省市混编的形式设立志愿服务组，成员单位包含共青团浙江省委、省教育厅、团市委和市教育局，由陈红英副市长任部长。2015 年 12 月，峰会成立志愿服务组，面向杭州 15 所定点高校，重点从各校大二、大三本科生，硕士生，博士生和部分教师群体中选拔志愿者。

消息瞬间点燃了广大师生的热情。26266 人通过抽选，2016 年 7 月，经过两轮面试、三轮素质测试，一支由 4021 名高校师生组成的志愿服务精英队伍正式组建。他们大多拥有大型赛会志愿服务的经验，拥有良好的语言表达能力，有部分小语种专业学生，有来自北京、上海等地的 33 名代表，也有来自多个国家的国际留学生志愿者，小青荷所代表的是杭州志愿者的服务精神和当代大学生的社会责任感，成为这座城市的精神的最好注解。

为了在 G20 杭州峰会上迎来最美的绽放，小青荷接受了严格的专业培训。142 场峰会，志愿者通用知识培训 42 场，集中专业知识培训 14 场，教师领队的培训 69 场，礼仪形象培训，外语、口语强化训练，以及 166 场各类实战演练，锻炼小青荷心理素质，培养应对突发状况的能力。

“接天莲叶无穷碧，映日荷花别样红。”G20 杭州峰会筹备工作切实做到了零起点、零学习、零懈怠，实现了精彩服务、精彩管理、精彩展示的目标。为峰会的成功举办贡献了独特力量，树立了杭州志愿服务事业发展的标杆。15 所高校的 4021 名小青荷分布在新闻中心、宾馆、机场、火车站、安检口等 299 个服务点，3760 个服务岗位，累计服务时数190400小时，服务嘉宾5万名。也是通过G20峰会，让世界认识了杭州志愿服务，党中央在G20峰会之后也提出了10条支持举措，其中有一条就是在杭州挂牌成立中国青年志愿者赛会服务研究培训基地。2017年，在共青团中央的牵头下，我们召开了首届赛会志愿服务研讨会，当时也邀请到了全国社会志愿服务的专家，共同探讨如何提升赛会志愿服务的专业化、标准化以及规范化。

2022年，杭州即将迎来第十九届亚运会和亚残运会。两大赛会对杭州而言是机遇，也是挑战，所以目前我们也在做一系列的规划，包括整体方案的制订、活动方案的策划，还有像志愿者管理业务里面的一些实操性的运行计划。当然我们现在也更希望能够通过一系列的大型赛会服务来加强我们的岗位练兵。去年年底的世界游泳锦标赛，还有马上要举行的网球公开赛，这些都为我们提供了国际性体育赛事服务经验。

先给大家简单介绍一下，亚运会志愿服务规划。目前整个亚运会、亚残运会的赛会志愿者的规模可能会达到6万人，志愿者主要来源于高校，当然还有社会志愿者，社会志愿者当中还包括了国际志愿者等具有代表性的群体。我们整个赛会志愿者的招募将会于2021年9月份正式面向全市公开启动，2021年12月份将完成招募，2022年的3月份将完成全部的录取。接下来志愿者就会进入一系列的培训阶段，9月份到10月份就会进入一个正式的上岗服务阶段，其间我们志愿者可能还会参与到一系列的测试赛和岗位演练过程中，这么长时间，有这么多人需要我们去统筹规划，持续发动，更多的可能还是需要依托我们在座的各位，包括一些高校单位，以及各个社会组织的力量。接下来我们也想邀请杭州的三所高校代表，来给我们做一个经验分享。首先我们邀请的是浙江农林大学文法学院党委副书记、副教授侯浙珉老师，为我们介绍高校志愿者动员和志愿服务项目的经验。

侯浙珉：各位同人，今天说到分享其实很惭愧，我这个标题也跟今天大型的赛会服务关联度不高，我抱着学习的心态来参加这次活动，因为我是浙江农林大学的，我们的学生蛮淳朴的，也会很积极地参与一些大型的社会服务活动，相较于其他高校我们学校参与的机会少一点，但我们的学生还是很希望有这样的机会的。

我今天主要跟大家分享一下雷锋班这个志愿服务的品牌项目，由此我想跟大家交流一下，怎样做好大学生志愿者的动员工作，以及怎样做积极性方面的引导，或者说讨论一下大学生应该怎样参与到志愿服务当中，应该体现一种什么样的价值，大学生志愿服务应该参与什么样的项目，才更能表达他们的期望。我们浙江农林大学的雷锋班有一个项目叫作“续写一篇日记”，大家都知道雷锋这个响亮的名字在我们中华大地妇孺皆知，我们现在应该怎样传承雷锋精神呢？我们决定用一种续写雷锋日记的形式来传承和弘扬雷锋精神。

经过几年的建设，我们现在是全省高校党建特色品牌示范学校。从 2011 年开始我们就成立了培训班，当时这个群体主要是由学生党员、入党积极分子、学生干部，还有优秀团员组成的，每年有 270 名核心成员自愿注册。

主要的机制有六合一的平台。雷锋班作为我们党建带团建的联动平台，是我们学生创业的平台，也是我们社会主义核心价值观的践行平台，是入党积极分子培养考察的平台。具体的活动有“5 个一”的工程，“一”是一月一次的专题讲座，不仅包括理论学习和知识提升，还有志愿服务等方面的内容。服务结束之后，要求撰写文字感悟。这里我就不详细介绍了。

开展的活动主要是思想政治教育质量的提升等党建活动，志愿服务也是我们提升大学生理想信念，提升他们社会责任感的重要平台和手段。通过我们的志愿服务，依托我们的专业、学科优势，我们开展了一系列专项志愿服务，有法律援助的专项志愿者，有语言志愿服务，有借助我们的优势学科进行环境保护、义务支教的，还有爱心助困的志愿服务活动，等等。

在实践的过程中弘扬我们的雷锋精神，并且在过程中分析志愿服务在社会中发挥的作用，这提升了学生专业的应用能力，他们的社会主义核心价值观得到了践行。我们的专项志愿者，主要有语言志愿服务队，也参加了刚才大家都看到的互联网大会的服务，还有法律专项志愿者到中小学、农村、社区进行一些普法宣传。今年宪法日宣传活动较多，这次我们集中组织了一场涉及了 1000 多人的宣讲。

主要成效是形成了一整套体制机制，每周自发开展项目化的志愿服务活动，得到了大家的广泛认可，雷锋精神在我们全校范围里得到了弘扬，雷锋班成员用实际行动，加上自身的感悟，以续写雷锋日记的形式，目前已经有了 5200 多篇日记，主要的效果是促进了学生的成长，我们也实现了育人的目的。在整个过程当中，应该说既有付出也有收获，现在这个项目已经是国家级的校园文化品牌，也是我们省级的党建示范项目，在“学习强国”App、人民网、《中国教育报》等媒体平台上都有报道，也获得了一些荣誉，比如说浙江省高校尚德学子公益奖等。总的来说，现在想提供这样一个平台，浙江农林大学在怎样做？一是建立雷锋班标准化课程，二是推进志愿者培训，在系统培训上我们还是欠缺的。

刚才看了宣传片，G20 志愿者经历了长期艰苦的系统培训。所以我们的志愿者，常规的培训也要跟上，在一定基础上，有大型的赛会服务经验，也给后期培训打下基础，不会从零开始。在常态化的队伍中，尽可能去选拔，或者临时有项目再补充一些，这样才是一个可持续发展的过程，我觉得这是我们可以思考的！

此外，在强化专项志愿者队伍方面，我一直在想，我们高校青年志愿者，已经成为我国志愿者的中坚力量。在今天上午我们志愿汇发布的数据中，19 岁到 25 岁这个年龄之间的广大人群大部分是我们高校的在校生，这个群体大家都可以感受到，已经在大型社会服务、社会志愿服务区域化团学中起到了积极的推动作用。但是现在高校青年志愿者在服务当中还是存在一些问题需要我们去思考的。比如说志愿服务队伍不稳定，在高校的同志可能都清楚，高校当中的志愿者大多以一、二年级为主，到了高年级以后，积极性方面，包括参与度都会逐渐降低。

另外一个就是志愿服务的专业化程度，我刚才已经提出了培训不足。我们固定项目化的建设还是不够，以及志愿服务社会支持度仍然不够，有些志愿服务我们也很困惑。一些项目我们在推进过程中往往就存在一厢情愿的情况。我们觉得这个是好的，但是我们组织了以后，社区或者接受志愿服务的群体感觉到这个不是他们真正想要的，这是目前存在的一些问题。

基于这些问题，如何加强高校志愿者队伍建设，提升学生参与志愿服务的积极性也是很重要的一点。我们讲志愿者精神，奉献、友爱、互助是基础。志愿服务不管是从事什么类型的，都没有高低贵贱之分。大学生在助人的同时，如何取得自身的进步和收获？大学生如何参与志愿服务？哪些志愿服务是大学生乐于参与的？这个是我们要去好好思考的。我觉得普通的义工跟我们大学生志愿者要分层分类引导，这符合当下志愿服务专业化要求。

昨天在跟我们教授学习交流的过程中，他也提到志愿服务专业化发展是我们今后发展的一个大趋势，怎么分层分类引导，怎么提高大学生的积极性呢？我觉得首先在他们参与的过程中要提升他们的获得感，提升大学生志愿者应有的责任心，体现他们自身拥有的专业特长和技能，这是很关键的。前面我们提到的大型志愿服务，为什么大学生成为主力军？也有很多大学生踊跃地参与到志愿者的选拔过程中，这能够体现他们的专业素养，比如说语言的能力，我们前面交流时就讲到了，这些志愿者都是通过专业考试并且达到优良以上的有专业技能的人才。刚才有老师讲到了体育专业的、医学专业的志愿者，当志愿服务活动遇上他们的所长，他们是很愿意参加到这个过程当中的，在培训服务过程中又提升了他们的专业能力、应用能力、实践能力，这是他们真正感兴趣的，也是我觉得他们的积极性所在的一个方面。

志愿服务是培育和提升社会责任感的课堂，因为我是从事大学生思想政治教育的，我也在思考这个平台，如果我们把它开发好，它将会是我们思政课堂的有效延伸。今天抛砖引玉了，接下来还有我们的两位老师，他们是专业的社会服务专家，我真的是来学习的。还是要向各位在座的同人老师请教，谢谢大家。

项颖：谢谢侯教授给我们做了一个精彩的分享，刚才教授有一句话我印象深刻，如何动员高校的学生来参与志愿服务，最主要的就是让他们能够有自身的获得感，包括能够提升自己的专业特长，这与我们亚运会志愿服务的最终成果理念也是非常有契合度的，因为我们最终想达到的目的就是希望志愿者本身能够得到提升并让他们有获得感，还有荣誉感。

感谢侯教授，接下来我们邀请浙江外国语学院的团委副书记邱平老师做分享。他分享的题目是“多维联动——全面提升高校国际志愿服务质量”。浙江外国语学院是我们赛会志愿服务的培训基地之一，去年牵头开展了国际志愿者培训教材的编写，现在也一直在做国际志愿服务提升方面的工作。

邱平：尊敬的各位来宾，大家下午好，非常高兴能够来到峰会，结合我自己的工作做分享。今天我起的题目叫“多维联动——全面提升高校国际志愿服务质量”。为什么要取这个题目？我想大家都知道背景，随着杭州的国际化程度越来越高，大型赛会举办得越来越多，对于高校来说，它具有聚集人才的优势，高质量志愿服务人才可能很多都来源于高校，所以作为高校来讲，国际志愿服务一定要打破传统的单一的模式，要实现政府、高校包括学生个体多维联动。政府、高校、学生个体，从学校内部来讲，也一定要打通第一、第二、第三课堂，不仅仅局限在一个实践的环节，它更应该跟第一课堂有效地衔接，这是第二课堂。并且它与第三课堂要有一个非常紧密的联动，从而实现我们高效培养人才的目标。因此今天我想就以此为题来做分享，如果有不当的地方，也希望大家能够批评指正。

首先我想先介绍一下我们学校的整体情况，因为任何的志愿服务，一定要跟我们学校的特色结合起来，所以我这边先简单介绍一下我们学校。浙江外国语学院是一所以外国语言文学为基础的省属本科高校，可以说是浙江省以语言为主体公办的本科高校，前身是创建于 1956 年的浙江教育学院，2010 年，我们经教育部批准改制更名为浙江外国语学院，所以从更名到现在，其实我们学校还很年轻，但是这 9 年里学校的发展非常快，而且学校非常清晰地找到了自己的定位，我们的特色在哪里？我们的人才培养目标是什么？

学校现在有 34 个本科专业，其中外语类专业是 15 个，语种是 13 个，是省内语言种类较多的一所院校。当前学校正着力建设浙江省国际人才培养的重点基地、服务浙江开放强省的智囊高地、浙江国际文化交流的重要阵地，所以现在学校有整个的 3D 建设路径。在人才培养方面，我们学校主要的学生是全日制的在校学生，共有学生 8486 名。到目前为止，我们人才培养的主要目标是紧密结合区域社会经济的发展，凸显我们的办学特色，立足浙江，面向世界，着力培养学生成为主动适应区域经济社会发展需要，德智体美劳全面发展，具有家国情怀、国际视野的高素质应用型人才，因为我们的学生都是本科生，所以对他们的培养一定要是应用型的。

志愿服务这块工作跟我们的人才培养目标是非常契合的。因为高校的主要任务就是培养人，我们培养人是有一定目标导向的，所以围绕我们人才培养的目标核心内涵，你会发现我们学校的人才培养目标跟我们国际志愿服务是非常契合的。我们去落实立德树人的根本任务，包括提供助力学生成长成才、奉献社会的途径，同样也是我们高等教育的一个很好的育人模式。所以这些年，因为种种优势以及我们人才培养的目标，浙外的许多学生参与了很多大型赛会的志愿服务。我这里做了一个统计，今年我们学校参加团省委、团市委的一系列大型赛会总共是 17 项，共计 1165 人次。像今年的世界环境日、广播电视论坛、侨博会、互联网社，我们从第一届开始，每年都参与了志愿服务。

除了我们说的志愿服务以外，每年还有包区项目，如特殊场合提供 1 对 1 的 VIP 翻译，我们也是从第一届就开始做的，组织学生参与常态化志愿服务。团委每年承接的活动非常多，所以从现在开始，我们不光只是做一个承接提供服务的活，我们更多的是想把它跟第一课堂结合，把志愿服务纳入人才培养的体系，所以我接下来想要介绍的是我们希望可以做的比较超前的课程建设。

我们学校开设了“国际志愿服务培训与实践”这门课程，如果算上今年已经有整整两年。如果说这门课程之前是一门全校的公共选修课，今年我们这个课程已经完完全全实现了 2019 级学生人才培养方案。所有从 2019 年开始到我们学校的学生，主要针对全校大一年级的学生，这门课程是必修的。我们外语联盟坐下一起聊的时候，发现没有一个学校把它作为通识教育的课程，而我们学校做到了。因为有了前期的积累，参与教材编写和在线开放课程录制，所有通识类培训、理念类培训都已经录制完成了。我们录制了 41 个视频，502 分钟在线开放课程，想象你要对全校学生进行面对面课程教授，这个实行起来会比较困难，所以我们探索了一种非常好的线上理论加线下实践的教学模式。线上通识类课程，我们依托的是慕课网，线上理论的学习，包括作业、讨论、测试，这些都是在网上完成的，就不会出现大批量的学生学习问题。因为我们学校体量再小，一个年级也有2000名学生，如果要实现面授，一次课师资的时间成本会非常高，所以我们就用线上的模式来完成理论的部分。我们有线下见面课，线上听不到的内容是线下来做的，我们用全校最大的报告厅——能够容纳近1000人的大礼堂来进行线下教学。大家看到的是我们之前在省在线开放课程里面的运行数据，我们的选课人数是200多人。因为我们觉得对于一个国际志愿者来说，它需要知道的东西是非常多的，所以像优秀志愿者的分享，包括志愿服务相关领域的专家或者大师进校、国际文化的讲座等都是安排在线下见面课进行的。

除此之外，我还特别想提一下的是，如果说上课的内容都是理论，我们更是要打破这种传统的授课模式，把课堂搬到实践现场去，所以我们这个学期组织学生到西湖开展国际志愿服务，我们跟西湖风景名胜区对接，每个周末我们都会安排志愿服务。大家在西湖边一定能够看到穿着蓝马甲的学生，这些都是我们的学生志愿者。老志愿者带着新志愿者，每个周末分批次到西湖边进行志愿服务，效果也非常好。我们学生从早上9点上岗到下午4点下岗，整整一天时间，西湖的微笑亭、断桥，包括花港观鱼等，各个点上都有我们的学生。基地里的岗位上又有老志愿者进行指导，让大一的学生有一些志愿服务经验。大一去做大型的赛会，我觉得为时过早，因为我们对语言是有要求的，像一些阿拉伯语、俄语专业的学生，肯定是要到三、四年级才可以比较好地胜任工作。大一的时候，我们更多的是让他去感受什么是志愿精神。

等到大二、大三的时候，他们有机会参与更高端的国际志愿服务和大型赛会服务。所以我们学生的反馈也非常好，这边截取了我们学生的一些评价，他们觉得这一天虽然很累，但是很充实，真的是把纸质的东西或者以前一些讲在嘴上的东西变成了行动，让他们有了实践的感受，他们才会觉得这就是志愿精神，就是帮助他人的意义。看了学生的朋友圈和他们的一些感言，我挺受感动的，并且也觉得这门课程做得是有意义的。因为通过他们的反馈来看，他们会说这一天很有意义，可以切身感受到赠人玫瑰手留余香到底是怎么样的。所以我也很愿意跟各个高校同人去分享这门课程。其实我们现在除了这门课程以外，还在编写关于英语口语的培训教材，包括组织管理等一系列的教材也正在编写中，我们把它做成一个体系，所以除了这一块课程之外，我们还在做志愿者的研究。

接下来第二大块我讲一下今年上半年我们重点在做的一个事情——基于大型赛会志愿服务的实施现状与改进机制，对G20杭州峰会志愿者的实践调查。我们以G20杭州峰会的志愿者为调查对象进行了研究。G20志愿服务很具有代表性，首先G20杭州峰会规格很高，组织管理非常有序，可以说是志愿服务中最值得研究的对象。我们今年上半年做调查的时候，很多当时做志愿服务的学生都已经毕业在工作了，所以根据他们的现状进行调查也更具有一些代表性。

在4000多名志愿者中，我们联系到了685位，完成了678份问卷。这些志愿者主要是从当时15所重点高校中选拔出来的，我们对这678份问卷做了数据分析，形成了几个维度的调查结论。首先是看G20志愿服务参与者的群体特征。从性别上看，调查对象为女性的目前占了72.1%，所以女性志愿服务的热情可能会高于男性；从年龄段看，服务的时候他们主要是大二、大三的学生；从专业类别上看，57.37%的被试者都属于文科类专业；从政治面貌上看，党员和团员占了较大比例，其中党员和预备党员的比例占到了近35%；从志愿服务的整体认知上看，超过99%的被调查者都认同志愿服务精神，这是一个基本的情况。同时从参与体验上看，他们的整体体验都是积极向上的，有超过52%的被调查者认为从G20志愿服务当中取得的获得感是超过自己预期的，远超自己预期的比例也达到了19.62%，所以可以说明G20杭州峰会的整体组织和保障工作做得非常到位。

另外我再重点说一下，就是调查对象的成长价值。因为我们觉得参与杭州峰会志愿服务对于大学生的成长和发展具有持续性影响，它体现在多个维度。其一就是有效地提升了大学生的志愿服务情怀，因为我们调查发现，有74.93%的大学生在G20杭州峰会之后还参与了其他大型的志愿服务，基本上100%的志愿者每年都参加志愿服务，所以峰会志愿服务的经历对于志愿服务情怀的培养是非常有效的。第2点是能够有效地提升大学生的综合素质。调查显示，85.55%的调查对象认为G20志愿服务提升了自己的思想道德水平，61.95%的被调查者认为提升了自己解决问题的能力，51.33%的人认为自己处事的执行力在志愿服务当中得到了提升，64.75%的人认为自己的人际交往能力得到了提升。还包括其他能力的提升，等等。第3点是提升了大学生的就业竞争力，因为这一波志愿者已经走上工作岗位了，我们会发现80%的被试者认为志愿服务的经历有助于提升自己的就业竞争力。因为我们发现678位被试者当中，17.4%的调查对象目前在国外留学，25.52%的调查对象为国内研究生，15%的调查对象考取公务员和事业单位，在知名企业任职的有36.2%。第4点是调查对象对于参与志愿服务的影响因素，他的动机来源于什么？我们会发现动机受到多个维度的影响，包括个体的因素、志愿服务本身的因素，以及外部环境的因素。73.16%的学生认为个体时间和精力是开展自身调查研究的首要考虑因素，50%的调查者认为自己的兴趣特长能够激起他的热情，等等。接下来第5点是调查志愿者对改进志愿服务的期待，我们也是通过调查想要看一看志愿者对于志愿服务工作有哪些期待，我们发现他们普遍认为要从多个角度去构建志愿服务，最有效的就是工作机制，促进志愿服务工作的制度化和品牌化。

关于改进志愿服务工作机制的路径设计方面，首先一定要有一个理念，高质量的教学志愿服务一定要打破传统单一的志愿服务工作视角，从系统的角度去做好顶层设计，这个是一定要联动政府、高校、大学生个体的，要做到上下联动、内外结合。对于高校来说，刚才我已经谈了一些我们学校的做法，就是一定要让志愿服务跟育人体系相结合，跟课程改革相结合，只有纳入课程和教学改革当中才会更加长久。要实现与思政课堂的联动，以及实现一些特色选修课的建设，就要打通志愿服务跟专业学习之间的内在联系。

对于政府来说，我有4点建议。

第一是注重志愿服务认知的科学化。关于志愿服务的组织，首先，他要对志愿服务的理念、价值、路径、规律等，有一个比较科学的认识。因为本次调查也显示，由于志愿服务在高等教育体系中的普及，多数大学生对志愿服务的工作已经形成了比较科学的认知，但是在这样的情况下，如果志愿服务的组织方法不能够有效提升自己的志愿服务认知水平，就会带来实际工作当中的冲突，所以自身专业素质的提升也是很重要的。

第二是注重志愿服务内容的专业化。比如说志愿服务其实可以分为专业化服务和非专业化服务，能够让一些技术含量低的一般性服务和比较高端的一些服务做一些区分，因为毕竟大学生希望的是能够在志愿服务中把所学专业更好地跟志愿服务结合起来，用专业去解决问题，这样他们的成就感和满足感可能会更高一些，所以这是志愿服务的内容的专业化。

第三是注重志愿服务管理的过程，就是使开始报名到中间整个组织协调，再到后期的总结形成有效的体系。

第四是注重志愿服务保障的人性化，虽然志愿服务的精神是奉献、友爱、互助、进步，但是希望对志愿者有更多人文关怀，能够对大学生群体有更多保障和人性化关怀。从这几方面来建立架构，志愿服务长效机制是我们今年上半年基于调查研究得出的结果，与大家分享，希望大家能够批评指正。

我刚才讲的几点都是抛砖引玉，我们学校在尝试的几点内容肯定有很多学校也在思考怎么做能做得更好，所以我也是来学习的，不当之处希望大家批评指正。

项颖：谢谢邱平老师的分享，我觉得赛会服务就是一个组织化动员和社会化参与的过程，所说的组织化动员，现在其实更多的是一个志愿服务理念的普及，刚才邱平老师也提到志愿服务的课程已经成了学校必修课，所以在杭州亚运会之前，我们也在逐步将志愿服务的课程跟赛会服务相关的专业课程纳入高校的选修课体系，这也是我们接下来的规划。

最后，我们邀请到杭州师范大学外国语学院党委副书记、中青志协的理事王倩老师，为我们做一个社会资源服务价值和理念的分享。杭师大是赛会志愿服务培训研究基地之一，他们在嘉宾峰会之后，牵头制定了大型赛会的岗位规范和标准，下面我们请王倩老师做分享。

王倩：我知道今天在座有很多人是来自我们社会组织的，所以很多操作层面上的内容我就不讲了，因为可能大家对这个方面接触得相对少一些。我想今天就从理念、价值和概念的角度来跟大家做一个汇报，主要讲 4 部分内容。

项目大家比较熟悉，所以我们先看一些照片。这个是全国青年互联网创业大赛的卷子，照片上是我们杭州师范大学的志愿者，从头到尾的整个安排都是我们做的。这个是世界互联网大会的志愿者，大家可以看到他们的服装不一样，因为每一届世界互联网大会的志愿者服装都是不同的，毕竟季节也不一样。每年的服装会是一个亮点。但是有一点一样，就是精气神特别好。下面就是 G20 杭州峰会，感觉志愿者们的气质都特别好。刚才我们邱平书记在介绍的时候说在对志愿者的回访调查中，同学们对于 G20 杭州峰会志愿服务经历的满意度比较高，有同学们的肯定，我感到非常荣幸。因为 G20 杭州峰会的时候，我和我们小金老师一起负责志愿者培训工作，当时就是做一个前期的教材、选培训师、备课、磨课、考核等工作。志愿者们很满意，我感到非常荣幸，所以我得好好谢谢大家。

当时我觉得特别重要的一点就是培训过的同学和没有培训过的同学差别非常大。大家从照片上是能够非常明显地感觉到我们培训时间比较短的同学，和经过长时间的系列培训的志愿者的差别，咱们就不说他们服务的状况怎么样，你看他首先精气神就是不同的，对吧？我们学校的校庆有将近 2000 名志愿者，规模算是比较大的，去年是我们杭州师范大学 110 周年校庆。我来自杭师大的外语学院，我们学院有一位大家都知道的人，就是阿里巴巴的前负责人马云，他就是我所在的学院毕业的。

第一部分是基本概念，什么叫大型赛会？我们当时制定了杭州地方标准，我对大型赛会进行了解释，参与工作人员及志愿者人数超过 1000 人，规模大、级别高，省级以上单位组织的参与人数超过 100 人的活动，包括会议、比赛、展览、文艺演出等。它有几个特点：第一，它是一个交流平台，大家就某一个主题在大型赛会中交流关系以及文化理念；第二，它是一个展示的平台，就是可以展示实力和能力的，产品也是一种展示，我做一个博览会和展示平台也是一样的；第三，它的参会主体是来自不同地域的，大到各个国家，小到街道各个社区的单位，都有；第四，职业身份地位相对一致，我们 G20 杭州峰会来的都是什么人？国家领导人，或者一些重要的世界组织的负责人，他们的身份、地位、职业是比较一致的。

第二个，它是有主题的，一般我们大型活动有主题，经济、商贸、文化和体育，运动会就是典型的跟文化、体育相关的主题，这是它的属性。大型赛会对于东道主来讲有什么意义？这一点想跟大家聊一下。大型赛会对于东道主来说是有非常重要的意义的，能够传递给我们老百姓什么呢？第一是展示城市面貌，能够提高城市形象。一方面这是非常难得的集中展示城市建设成就的机会。客人来了就有媒体报道了，别人才能真真切切地感受到杭州现在的模样。第二是展示城市文明风貌的窗口。城市投资的两个重要方面，一个是硬件基础设施，一个是软件人文环境。第三是推动经济发展，G20 后来杭州旅游的客流量剧增，景区周边的经济带动很强势。举个里约奥运会的例子，里约奥运会使巴西的旅游业增长 6.2%，特别是像亚运会，亚运会虽然不是全球性的，但亚洲许多国家都会关注，所以不仅对旅游业，对其他产业也有很大的推动作用。第四是会展产业提高了杭州的外汇能力。外汇能力提升了，到杭州来开会的就多了，这又是跟老百姓相关的，所以这两年其他很多地方的就业不是很好，杭州还可以。我想 G20 的影响起到了比较大的作用。

第三个，我们讲讲大型赛会服务。在大型赛会举办的过程中，组织、动员志愿者参与大型赛会筹备、管理、运行，为顺利举行策划开展的志愿服务，也是我们自己做的决议了。根据各方面重要的定义、分类，比如说比赛、博览会、庆典、会议等我都说了，有些特点就跟大家聊一下。第一点是参与人数。北京奥运会志愿者人数 8 万，上海世博会 7 万，广州亚运会加起来也有十几万，所以到时候我们要依托在座的各位组织社会力量，这个过程里会涉及一些岗位非常多的工作。第二点是价值意义，大型赛会的价值功能非常多。首先培训教育功能，它可以丰富生活体验，促进自身发展，提升人的精神境界。一个人参与过了会有收获。其次服务保障作用，大家都觉得为什么用志愿者？就因为我没人吗？临时这么多人从哪儿来？志愿者给我补充的就是一个服务保障功能。提供志愿服务实际上只是其中的一项功能而已。培训教育在我们高校，其实刚才两位分享的数据都是高校的，我们其实特别看重这一点，就是大学生在志愿服务中能够获得什么，我不去细讲了。第三点是社会动员能力。我们在大型赛会中要动员公民参与建设，比如像G20，各国领导人的参会跟老百姓有什么关系？运动会你还能去看看，其他的你是不可能参与的，但是我们仍然需要大量的社会志愿者做保障。所以老百姓如何去参与这个社会治理？公民有这样一个概念之后，很多人在大型赛会结束之后，仍然积极地参与社会治理，仍然积极地推动社会进步，这就是理念的影响。我们把人动员起来，共同传播理念。

我刚工作的时候，学生做完志愿活动，都不写新闻稿，我问你们怎么都不写？学生说，老师，我们觉得做好事不留名，才是学雷锋。我说不对，我们既然做了，还得好好说说。这就是为什么我们要传播理念。我们要通过这些让更多的人知道原来我还可以做这些，让更多的人参与到志愿服务中来，所以我们大型活动是有非常大的优势的，媒体从中起了很大的作用。

在大型活动中，志愿者组织管理的主体部门有三个，一般来说是团市委，交通、医疗等用人单位，以及各高校。因为大学生的组织成本相对较低，社区组织起来成本较高。所以志愿组织以高校为主，也会有社会组织。但是来源单位不同，服务的内容也会有差异，所以我想你们到时候可能还会有非常大的参与空间。职能分工公布是顶层设计层面的，包括协调各个方面、各个地方的需求，制定工作制度和方案，协调突发状况等。用人单位进行管理使用的落实，这项工作原则是谁使用谁管理谁保障，谁使用谁负责管理，当然会有人协助你管理，提供所有的保障服务，包括吃住行方面，等等。

比如说用车，当时我们的王主任在G20杭州峰会的时候还是非常有远见的，他在最早制定整体需求的时候，就把志愿者的车辆需求报进去了，因为他知道这个时候其他部门都不会考虑机动车。到活动前需要真正开始派车的时候，就跟各部门解释，去跟交通运输部申请，大家想G20的时候全都在用车，多出来4000人缺口共100辆车，所以当时这个需求的报送是非常有前瞻性的，有些东西确实需要提前去考量。

当时，峰会的志愿者一共有4021名，就是大家称“小青荷”的那群人，但是另外，我们还有100万的城市志愿者。因为我家离黄龙比较近，楼下会碰到我学生的中学老师，我问你怎么来楼下了？对方说是在值班，进行安全保障巡逻，暑假期间他们都在这个城市干志愿者的工作，他们也是城市志愿者。大家还是有非常大的发展空间的。

另外，我给大家两条做志愿服务的建议。第一条，作为社会组织，在发展的时候，一定要围绕政府的中心工作，你们做事之前一定也要搞清楚国家现在需要什么，政府现在需要什么，你要围绕这个去开展，要不你的社会组织一定是很难做起来的，社会有需求，政府有需要，国家有倡导，你来做一定更容易做好。大型活动一定是政府的重点工作，这个时候我们作为组织方，能不能围绕重点工作去设计一些志愿服务活动，主动地去做一些探讨，我们的组织能为大型活动做什么。第二条，不要单打独斗，一定要整合资源，这点我特别赞同邱书记的说法。我们做任何的志愿服务，绝对不要一个组织去单打独斗。原来我在团委工作的时候，我们做方案一定是组委会里面好多部门——校办、宣传部、后勤一起做的。社会组织也一样，你怎么去整合资源，从你的角度是我去服务这家庭，散会的时候一定不是，只是我这个组织在做事情，我能联合审批的。政府事业单位、企业、中小学、大学等国际资源都用起来，整合资源的理念，所以我想这两条里一个围绕中心大局，一个整合资源，这两个理念，我想也是给大家社会组织参与大型活动的讲解，大家也了解一下这些志愿者是怎么来的，刚才视频大家也看过了，注册报名了26266人，我们没有放开报名，我们只针对15所学校，当时还有人给我打电话，说一定要来，我说你哪个学校？他说四川，我说抱歉。他说我们家杭州的。我说不行，非常遗憾，如果我们全国招，会成为不得了的事。第一波选拔6000人，进行了6门课的培训——通识培训，我们当时做这个培训其实想法是什么呢？我们知道肯定用不了6000人，所以培训的原因如下。第一弘扬志愿服务理念，我可以间接培训一批人，这次没用后面可以用。真的有需要的时候，马上就有志愿者可以用。另外，不是说志愿者选拔完了就定了，我建议是培训完再定，因为有很多学生很认真，但是还是有个别学生在培训的时候是不认真的。培训都不认真，上岗那是不行的，肯定不认真。所以我们在很多校内活动选拔的时候，培训完了再定。到岗了以后不可能老师实施精致教育，他得自律。所以第二，培训也是筛选的过程，完了以后再进行第2轮选拔面试，进行通用知识的考试，网上抽题，我当时做的题库，网上自动生成题目，一定要考到规定分数，没到你肯定没认真听。另外还有一份心理测试，大型活动中，有一定心理问题的同学在专业的场合是不合适的，压力太大，普通的是没有问题的。还有一项体能测试，大型活动对体能是有一定要求的。最后是英语测试或托业测试，英语水平也需要测试。

这是我们4月份做的事情，后面就进行岗位培训、专项培训、集中培训，最后上岗演练，最终确定了4000名。这个流程确实非常复杂，所以大家也看到经过这样严格的选拔考核和培训之后的学生确实是不一样的，而且这些学生在就业和未来各个方向的发展中是有很大的优势的，刚才我们周书记也做了调研，印证了我们这方面的价值。《大型活动志愿服务》这本书推荐给大家，张晓红老师真的是这个领域特别顶级的专家，张老师的这本书就非常详细地介绍了整个大型活动中志愿服务组织与管理的方方面面。

当然，交流之后，我们也非常感谢市委和杭州市志愿者工作指导中心给我们这个机会，让我们跟我们学校一起制定了大型赛会志愿服务岗位规划，这也是全国第1个志愿服务的标准规范。当时是有10项，一份总则再加9项分则，将各个岗位做了定义，权利义务、各个部门的职责，纪律要求和统一的行为规范，我们在总则里确定的每一个分格里再告诉大家，比如说注册志愿者，如何处理突发情况？两年半后，我们在团省、市委的指导下又做了浙江省的地方标准。我们增加了体育比赛的部分，因为当时是以教育为蓝本的，这次我们就加了这个部分，后来有全国学生运动会的，我们把体育比赛的内容加进去了，同时对各个章节进行了大量的修订。我们根据2年的实践发现有些地方仍然需要改变，比如我们讲志愿者，首问负责。首问负责对口接待，要把他转接到对口去接待，我觉得这样更合理。所以我们后来进行了大量的调整。

刚才尹老师介绍了我们学校是中国青年志愿者赛会服务研究培训基地之一，这个是我们学校的一个“治理之家”，里面可以看到有些大型活动的服装，还有发展的历程等。欢迎大家以后有空来我们校区走走看看。我们还有一些其他的成果，比如说我们建立了一支团中央认定的培训师队伍，另外我们在校内也成立了一个志愿者的培训学院。刚才几位老师都提到一个问题，大型活动我们只能说是短时间集训，平时怎么办？我们在校内做培训的老师也没这么多，该怎么解决这个问题？我们准备了师范生的培训师，师范生有技能，有志愿服务经验，他有这个能力。对我们来说，这些学生我们利用起来，团支部、班级、学院他都可以来约，约了以后我们课也不一样，每个人有不同的课，学生随时可以去上课，这样它的普及力度就会很大，所以我们有一个校内的学者培训学院在做。另外我们也做了其他的一些内容，我这里只提到一个漫画集，我们用200多幅漫画做了一本书，作为培训的资料，其中一部分内容就是整个大型赛会的规划和我们的岗位规范，我们把每一个部分都画成了漫画。文字看起来是很枯燥的，我就文字配漫画，这样大家看起来很轻松，也可以作为大型赛会培训的教材。

最后一部分是发展建议。一是培训精细化，即我们的培训内容怎么样更全面更有效。因为当时是盛晓军老师在指导我们做培训工作，我们就在琢磨一个问题，就是我们怎么样能够把它做到底，我们怎么样去培训，我们能给他什么。礼仪培训正常，我们上课一个人站在下面听，我们集中培训是怎么做的？一个人主讲，下面一个老师管，20个志愿者给他一一纠正动作。为什么他的形象气质会更加好一些？一对一任何动作肯定还是会不一样的，但是确实耗费的精力更多。我们岗位设置既满足工作需要，也能让志愿者有收获。刚才老师们提到的志愿者的获得感在哪里？二是总结规范化，个人的总结、组织的总结都要规范，尤其是注重成果转化，我在前期做设计、服务管理的时候，都要考虑到我后面怎样转化我的资料，能够及时保存，提早去进行设计，要不然活动做完了再来考虑去做成果的转化就很难了。

项颖：感谢王倩老师的分享，让我们从全方位的角度了解了赛会志愿者的服务。接下来我想我们还有一点时间留给我们在座的各位，做一个自由的交流分享。大家有什么想法建议可以提出来，特别是针对杭州亚运会志愿服务。

今天特别感谢大家，谢谢。我们大家稍稍休息一下，回到主会场。

提升赛会服务·助推城市文明分论坛总结

在赛会分论坛，来自浙江农林大学、浙江外国语学院及杭州师范大学的老师就志愿者服务助推城市文明做了全面精彩的分享；和与会社会组织共同探讨了如何提升杭州赛会志愿服务水平；会上，各社会组织参与亚运会热情高涨、期望浓烈，相关部门表示，社会志愿者助残急救特殊服务技能为亚运会后勤保障提供有效资源支持。此次交流分享会为提升赛会服务提供了宝贵的意见和建议。

据介绍，冬奥会和残奥会都面向全球招募志愿者。在“12·5”国际志愿者日启动的北京冬奥会上，48小时内报名网站浏览量超1200万，报名成功人数达28万，远超东京奥运会志愿者报名人数。在历年大型赛会志愿服务中，2008年奥运会达到了巅峰，但近几年的武汉军运会、G20杭州峰会等赛会服务参与志愿者人数频现巅峰。原因是近年来志愿者赛会服务成为青年热衷、公众关注、社会认可的活动风向标，同时志愿者服务理念、文化程度得到显著提升，志愿服务精神得到认可，使其得到推广并产生积极的效果。

赛会服务有组织化动员与社会化参与两种途径，两种途径都有一个新模式。就高校而言，组织化动员模式更多地体现在高校将志愿服务课程纳入学生选修课。除此之外，用于国际志愿服务的培训和实践分享，纳入新生必修课体系。组织化动员在高校，现在更多的是推广普及志愿服务理念，广泛传播志愿服务文化，学生获得更多激励和成长，这就是通过社会服务得到自身的获得感，对比以前传统的动员模式，这种方式会更加深入人心。

社会化参与即社会组织参与。在广州亚运会时，政府通过支持、引导不同的社会团体，发挥社会组织的作用，使其参与到亚运会志愿服务中去。这些组织在发挥作用的同时自身也得到更多的成长。随着杭州亚运会筹备工作的不断推进，社会组织的参与模式更加丰富多彩。其中最直接最有效的模式就是社会治理。亚运会的推动是亚运精神普及的过程，这种精神可以诠释为东道主精神，体现在精神文明上即是城市文明的进步。社会组织通过参与社会治理凝聚志愿服务的资源和力量，提升城市的文明程度，通过支持社会替代以前行政化的模式，十分符合杭州亚运会绿色、智能、节俭、文明的办会理念。

在即将迎来21世纪20年代的新10年之际，大型赛会一定是自带流量的，如何利用好这庞大的流量，应该更全面科学地统筹迎接亚运会的机遇和挑战。杭州的赛会服务可以从专业化、多元化和社会化三方面体现。广义上就是专业人才的培训和储备，多元化即志愿服务文化宣传和推广，社会化是指整合社会组织资源，做好这三篇文章肯定会给杭州亚运志愿服务带来累累硕果。

青年＆科技＆公益·助推智慧治理

王跃军：首先想问，志愿汇肩负一个怎样的使命，让我们自愿跟上当今科技和互联网发展的步伐?

因为我们知道，科技对我们的社会、经济生活等各个方面都具有推动作用，这是显而易见的，但在工业领域当中，我们怎样借助科技和互联网的力量来给我们的志愿服务提供便利呢？基于这个想法，我们首先想到，要打造的是一款互联网的产品，既然是一款互联网产品，它首先应该方便我们的用户使用，那么我们定位的用户是哪一类呢？总共有三大类。

第一个是政府，第二个是公益志愿服务组织，第三个是志愿者。在使用的过程中怎样给这三类用户提供方便呢？第一，政府有对行业进行监管和监测的职责。我在杭州市志愿者工作指导中心工作的时候，碰到一些领导经常会问杭州有多少资源，活跃志愿者有多少，年龄结构怎么样。当时我回答不上来，但现在我打开手机就可以明确了，甚至可以告诉他现在此时此刻有多少志愿者在线。我们的指挥平台可以知道，此时此刻在线的志愿者分别有谁，他在哪里做志愿服务，这些都一清二楚。这种功能的实现，首先要有大数据的后台支撑。我们需要用大数据把日常的数据都积累和沉淀下来，同时运用现在的新技术，知道志愿者具体在哪里。这套体系再延伸出去，假设运用到我们紧急调度的时候，比方遇到灾害性事件的时候，或者想要知道市民此时分布的时候，我们只需发布一个全城性的志愿服务项目，志愿者登录上来之后，在“城市大脑”就能知道哪些人在哪里，哪些人是有急救知识的，哪些人是可以实现紧急救援的，实现有序线上调度。所以我们现在志愿汇平台已经和各个地方的“城市大脑”紧密联系起来，和数据中心接轨，目前我们是第一家，而且我们得到的数据是动态数据，这个动态数据在社会公共治理领域显得尤为重要。谈到这里，我们就知道政府有需求，但是延伸到我们平时的公益组织和我们的志愿者，就需要线上打卡。但是大家要知道每一次打卡，一方面是给志愿者一个时数的记录，另外一点，对有关志愿者的公共政策的出台，是有非常大的帮助的，因为政府知道我们在做什么，以及我们做了什么。有了数据的支撑，对于政府用户，在提供数据支撑以及现场监测方面，我们起到很大的作用。另一方面的作用是，我们提供什么样的服务。因为我们的志愿服务组织在中国，乃至在全世界的志愿服务组织中都占到了相当大的比例，而我们的社会组织作为社会治理的重要力量，在党的十九届四中全会之后推出了构建现代化的社会治理体系、提升社会治理能力的观点。在现代化治理体系的构建中，多元化的主体在哪里？政府想把事情交给谁？谁有这个能力承接？党的十八届四中全会之后，我们的社会组织蓬勃发展，政府也用了很多办法去做类似的公益创投项目。但是我们能不能突破传统，用互联网的方式去培育和支持我们的公益组织发展，去做一些常态化的评级和评价呢？我们在做公益创投的时候，往往会有一个条件，要求是3A级或者2A级以上的社会组织，但是我们发现最需要得到孵化的是谁？是没有注册过的组织，因为没有注册过的社会组织，没有资质去获取政府相关创投资金。在有了这个平台数据之后，我们可以节省很大的评级成本。原来是非常刚性的，必须是A级以上，现在可以通过大数据的方式来评级评价，你在某个领域当中，比如在关爱青少年领域，做过多少志愿服务，我们志愿者给的组织评价，包括受众对象给你的评价是怎样的，等等。志愿汇在志愿服务组织和个人的评级评价上，未来会进一步扩展已经搭成的基础架构。我们第一个用户是政府，需要大数据的支持和支撑，帮助政府孵化社会组织，同时帮助政府出台相关公共政策，推动整个业态的繁荣和发展。

第二个用户是公益组织，刚才已经提到了志愿服务组织，比如说对志愿服务组织的评级评价。志愿服务组织怎样吸引更多的资金？无论是政府创投还是基金创投，支持和孵化我们的社会组织，现在已经逐步开始试水。去年心基金投资了100万元，在年底之前也会与地球村谈，不少基金会找到我们。就像今天上午王振耀老师提到的，我们的公益组织，实际上是我们基金会要去找的执行机构，在执行上面我们会更专业。像今天上午我们提到的一个基金会，是有40多个人的基金会组织，这在全国也不是特别多，而且要做成现在这样的体量，他们也尝到了跟我们公益组织和伙伴合作的甜头。同样也说明未来可能还有其他的各种类型的基金会，可以通过我们的平台对项目和组织进行有效的支撑和支持。当然大家应该知道，已经用过我们志愿汇平台的志愿服务组织，现在的日常管理，志愿者从报名到现场签到，再到事后激励，包括我们线上的免费的保险提供等，都给大家提供了便捷的方式。在日常管理上，尤其比如现场签到，现场阶段，我们最早跟市民卡公司合作，用市民卡签到的方式。后来我们推出App必须要有地理位置定位签到，又考虑到老年人可能不会用智能手机，于是又开发刷脸签到，未来5G时代我们可能可以进行群签到。平台能够集聚的资源如果都是碎片化的数据，想要互联互通和标准对接都会非常麻烦，我们志愿汇可以非常坚定地讲，未来可以满足政府乃至各种类型不同层级不同线的管理需求，使它们都能够通过平台和数据对接，用细分统计、大数据建模的方式，满足不同部门的需求。志愿者就不需要很麻烦了。我们是实践者，要用技术去解决问题。

问题驱动我们竭尽全力寻找新的技术，解决现实问题。我们的区块链技术已应用于数据采集、存储以及未来的数据流通。2014 年我们注册了益币。益币是一个公共产品，未来能够使我们的公益不断迈向新的高度。在公益领域中，我们要让公益的资源集聚，公益的爱心流动，必须得有一个介质，这种领先的理念和技术结合之后，产生了未来效能，一定会迸发出无限的力量。为什么曾经想要做时间银行，我们和社会评价的各种专家学者都交流过，他们有很多新的点子，但这些天马行空的点子到最后都因为技术和人力资源的局限没办法落地。而现在我们会发现，当有了我们这样的平台，有了新技术和先进理念的叠加之后，很多问题迎刃而解。大家有没有看过一本书叫《平台的革命》？书中说互联网都是平台型企业，而我们志愿汇的定位就是未来全球领先的平台型公益企业。因为我们已经具备了平台的各种综合特质，所以在整个的生态构建上，已经用前瞻性的眼光在做设计。

第三个用户是我们的志愿者。上午我在专访的时候也提到了，我们志愿汇致力于向善的事业，利用各种机会，宣传优良传统美德。弘道的宣传就是我们需要有爱心，用技术逻辑去推动人心向善。我们从善的基因和基础点是什么？有一句话叫“人之初，性本善”，我们的整个理论体系的架构都是认为人是善良的。而西方的管理学体系中，普遍认为人的天性是自私的，所以从严谨的管理学理论角度和我们人心向善的角度，可以这样去分析，正是因为人是有自利性的，怎么样把人心原本的善，用技术的手段或者用技术和商业的逻辑去推动，把善的种子撒向土壤，要精确到多少时间，多少阳光，而不是简单的口号——我们要向善。现代社会需要用现代的逻辑解决问题，人都有善念，但是怎样让这种善心和善念转化为善行需要有一个非常便捷的工具。比如今天想去做志愿服务，结果都不知道到哪里去找，我打开志愿汇 App，就可以发现哪里可以参加志愿服务项目，非常便捷，所以在这方面我们不断地更新和改进，未来我们志愿者想要参与这种活动，会更加便捷。我觉得我们做了志愿服务之后，一定是比最开始的时候更加有善心的，而且我们会自觉将行善的理念融入我们的生活。因为我们在行动当中强化了善念，得到了激励，也得到了社会的肯定，得到了自我的嘉许，得到了自我的积极暗示，沉淀下来之后形成良性循环。所以为什么我们有些老年志愿者周末时间排得满满当当，今天到医院去做志愿者，明天在景区做引导志愿者，为什么？周围人感觉不理解，但他乐在其中。让更多的人加入进来之后形成一种风尚，这种风尚会带动大家形成崇善的洪流。我们平台除了便捷之外，还有一点非常重要，就是给我们的志愿者合理的激励，所以说为什么要让我们的志愿者打卡计时，我们只是在做基础的数据采集工作。2016 年 10 月，在共青团中央的领导下，51 个部委联手制定青年志愿者激励政策。从 2017 年到今年，连续三年，中华人民共和国教育部的高招办提出了高考优先录用的政策，现在开始逐步落地，未来的新高考改革必然会考查学生日常公益和社会实践行为。因为有了相应科学的统计数据、渠道和第三方支撑。当时我们推出来益币兑换机，推出商户的优惠政策之后，还担心会不会满足不了需求。后来发现其实我们很多的志愿者都舍不得用益币，为什么？那是精神财富。当人家比拼钱的时候，我们比拼我们的精神财富，给我们的志愿者有一个非常具象化和数据化的自我肯定的东西。因为时间关系我就讲这些，谢谢。

主持人：感谢跃军老师，志愿汇助力志愿服务，作为一款互联网产品，助力以科技的方式来负责公益。我们可能是一个先行者，但是我们相信也有很多的同行者加入我们。所以现在进入第二个阶段，我们要请一些在一线，比如说在一些具体的社区场景和物业场景中的老师，来讲讲他们如何运用科技助力本地的志愿服务提能增效。下面我们请到了杭州市下城区团工委的戴家伟老师，来分享智慧志愿在社区里面的应用。很多的公益组织主要服务城市的社区，希望给大家一些启发。欢迎戴老师。

戴家伟：尊敬的各位领导、小伙伴，大家下午好，我是来自下城区长庆街道团工委的戴家伟，非常荣幸在这个场合和大家分享我们志愿服务的一些心得体会。因为接到分享通知不是很久，所以准备有点仓促，有不足之处请大家多多包涵。

现在国家提倡，要推进诚信建设和志愿服务制度化，强化社会责任意识、规则意识和奉献意识。我们长庆街道辖区面积 1.39 平方公里，常住人口 5.6 万人左右，其中我们的老年人口约占 30%，是一个老龄化非常严重的街道。同时我们平均每个社区只有 11 个工作人员，所以我们街道在志愿服务，尤其是为老服务方面有很大的需求。

近年来我们街道一直推进志愿服务的制度化，每个月都会固定在社区开展便民服务活动，组织开展“一点一诊”，包括一些法律咨询讲座等与群众息息相关的志愿活动。还要围绕街道中心工作，组织开展垃圾分类、平安巡防以及文明劝导，同时我们还制定出台了一些相应的激励政策，包括物质奖励及精神奖励，保护和提升我们志愿者的积极性。但是在志愿服务的实践中，我们遇到了一个比较大的问题，第 1 个问题就是怎么组织？由于我们街道和社区掌握的资源比较有限，我们如何才能让资源项目和资源力量互联互通？第 2 个问题是怎么干才能发挥组织的最大作用？第 3 个问题是干什么？为了解决这些难点，我们长庆街道将志愿服务与服务民生和服务群众紧密地结合起来，搭建了“1+1”模式。

一个是把重要的企事业单位和沿街商户的资源服务力量整合起来，有效满足我们群众的资源服务需求。另外一个就是我们的线上资源服务平台，也是我今天分享的一个重点。线下平台有它的局限性，就是因为我们掌握的资源量有局限，所以很多专业的资源服务项目存在困难，于是我们下城团区委就联手志愿汇，共同定制开发了志愿服务平台。打破区域壁垒，将全区志愿服务项目资源做到供给端与需求端的点对点直线联系，实现资源的扁平化管理。简而言之就是社区管理者在开展志愿服务项目的同时，就可以在平台上发布招聘。在平台系统内的志愿者和资源团体，可以第一时间接收到该项目的需求，他们可以根据实际情况及时进行响应。

下面我简单地介绍一下我们的青年服务平台。青年服务平台是全国首个社区治理服务资源信息管理平台，为了便于操作，今年我们平台没有单独开发 App，而是在志愿汇中嵌入了一个功能模块。我介绍一下我们的申请流程，比如我们的志愿者小骆，他是我们志愿汇 App 的注册志愿者，他同时又想成为我们的青年志愿者，他就可以通过志愿汇的申请通道进行注册。由于他的工作单位在长庆街道，为了方便志愿服务的开展，他将地点选择在长庆街道，同时由于他空余时间较多，他选择了第一批次响应，就是当社区招募一批专业志愿者的时候，系统会根据你选择的批次进行推送，第一批次最先接收到通知，以此类推。同时我们还在系统内设立了一个专业选择模块，为了提升我们志愿服务的专业性，我们的小骆同志就可以选择他的专业特长以及他擅长的领域进行申请，之后，我们街道和社区的管理者就可以在后台进行审核，审核通过之后，他就会成为我们大家庭中的一员，后续当我们社区有相应的志愿服务的需求时，他就会在手机上接收到通知。如果他有兴趣，就可以通过链接进入响应的环节。

在我们这个系统里，目前已经注册的有省人民医院、浙二医院、百视通眼镜店、永琪美发店，还有渤海银行，他们的资源和志愿服务的负责人都在我们这个系统之内，所以可以直接收到我们社区志愿服务的项目需求信息，并且进行响应，我们社区就可以直接跟他进行点对点的沟通联系。“1+1”的线上线下志愿服务模式，大大提高了我们社区的工作效率。对于我们街道和社区而言，就是大大地拓展了我们在志愿服务方面的朋友圈，可以让我们更好地满足居民的个性化志愿服务需求。比如我们的高龄老人，她需要一个义剪，我们就可以通过经典平台招募一两位专业理发志愿者进行上门义剪，同时对于我们的志愿者和志愿团体而言，也是给他们增加了参与志愿服务活动的渠道，让志愿服务真正做到人人触手可及。

以上就是我的一些分享，谢谢大家。

主持人：谢谢老师，我们过去说社区是最微缩的单元，现在三社联动，我们还把商户端、需求端都接进来了，形成一个更加紧密的志愿服务生态闭环。在我们最基础的志愿服务产品当中，下城区的模式还是开先河的。下面进入第三个分享阶段。我们邀请到的是杭州西湖区团委志愿者指导中心的张老师，因为西湖区率先在全市实现了区块链的应用，所以可以着重给咱们介绍一下，欢迎张老师。

张莹：我没有准备 PPT，直接跟大家介绍一下，首先感谢组委会给我们这样一个机会，可以在这里和大家分享我们西湖区的志愿故事。我在西湖区志愿者指导中心也是在团委下属单位工作的，我叫张莹，很高兴认识大家。

在和大家分享我们今天的工作之前，我想先谈一些自己的感受。我是 2013 年 12 月进入指导中心参与志愿者管理和项目工作的，到现在也有五六年的时间了。在这个时间段里面，尤其是第二年之后，我深刻感受到杭州整个志愿服务氛围越来越好，项目也越来越多，注册志愿者的数量也在成倍地增长。在我们西湖区，现在注册志愿者已经有了 17 万人，达到了我们常住人口的 14%，什么概念？ 7 个常住人口里面就有 1 位是我们的志愿者，大家可能会说这个数字里面肯定有不少是“僵尸粉”，注册了但没有服务过。我们一年服务两小时以上的活跃志愿者也有 7 万人，这个数字还是非常值得骄傲的。有了志愿者，有了项目，作为一个管理人员，如何更好地激励和回馈志愿者，如何让我们的志愿者更加有归属感，是这几年我们一直在探索和思考的。今年西湖区委、区政府对志愿者工作大力支持，我们开始探索打造西湖区志愿服务体系 3.0 版的工作。这项工作在上个月也得到了多位领导的高度肯定，作为一项基层志愿服务工作，能够得到这么多领导的肯定，还是非常不容易的。

3.0 版的工作，顾名思义，我认为我们的志愿者工作已经进入了第三个时代。1.0 的时候，大家都是揣着纸质的志愿者证，我们以台账的形式来管理我们的志愿者。2.0 的时候，也就是在 2014 年初，我们和志愿汇有了合作，通过市民卡线下开展活动，再记录大家的志愿服务时数。3.0 版的工作体系，我们认为是一个以数字化为基础，以场景化基地为核心，以项目化内容为延伸的金字塔式的志愿者管理体系。说到第一点，数字化就离不开刚才我们主持人已经介绍到的区块链的技术。今年年初我们和志愿汇以及全国的区块链领头企业进行了合作，打造了全国首个志愿服务时长认证机制。因为现在志愿服务的时长可以在我们办理居住证的时候，作为一个加分项，每 200 个小时有 10 分。既然对时数有了这么好的认可方式，时数的真实性和有效性要更准确。将区块链的技术结合以后，我们所有的时数记录都登记在上面。因为我们是技术开发人员，我作为一个管理员或者志愿者在这里和大家分享。首先我们在登录志愿活动的时候，需要人脸识别，大家可能觉得志愿者是来做服务和奉献的，直接扫描脸，安全性上会不会有问题。但是只要是用注册的手机号码来登录的，就不需要扫脸了，如果今天使用别人的手机或者别人的账号，你重新登录平台，就需要人脸认证，借此功能也杜绝了代服务的情况。同时我们所有创建活动时数都会记录在上面。举一个简单的例子，我们的管理员可以创建活动，补录时数。从现在开始，我们每一个志愿者，至少在我们西湖区 17 万志愿者手上，都是有一个账本的，我要修改这个记录，就需要在 17 万人的账本上来修改这个记录，那就意味着我们的时数是不可以有任何篡改和虚假的，对我们时数的真实性和有效性有了一个大大的保证，我们的时数记录质量有了提高以后，就谈到我们的全场景化激励体系。有很多兄弟单位都走在我们的前面，比方说在桐庐的新时代文明实践中，就有了积分兑换机等，区县都有很多做得好的地方，我们也是整合了全省很多好的做法，在我们西湖区打造了一个全省半径最大、服务内容最多的志愿服务激励场景。首先第一点，我们西湖区现在有 10 个公共地下停车场，我们的志愿者只要在志愿汇上输入自己的车牌号码，用 4 个小时的服务积分，也就是 4 个益币，就可以抵扣 1 个小时的停车费，在你离开停车场的时候也是无感支付的，这一个小时直接就给你抵扣掉了，我们希望这样的积分和基地可以为志愿者的生活提供更多的便捷，同时我们也在探索打造失信修复模式。我们的志愿者有一些非人为性的、不是很严重的违法行为，比方说违停，我们也探索希望用志愿服务的积分，以指定他参加一些志愿服务活动的方式来修复他的失信行为。

另外，我们也在探索打造我们的西湖区智慧益商联盟，益就是公益的“益”，商是商业的“商”。全区现在有 400 多家企业是我们的联盟单位，比方说外婆家、天堂伞、翠苑电影大世界、浙江眼科医院等，他们都是我们的会员单位，我们志愿者只要出示志愿汇上的二维码，在这些地方消费就可以享受折扣。比方说我们现在已经完成打造的青芝坞国际化志愿服务一条街，在这条街上有 40 多家商家加入了我们的联盟，里面有很多民宿，包括像南山南这样的一些网红餐厅，我们志愿者去消费的时候，除了可以享受折扣，在人流量比较大的时候排队，还可以早一点用餐；在民宿，除了享受支付上的折扣以外，商家也会为你提供免费的早餐；等等。我们希望提供的这种折上折、礼上礼，能让志愿者们在整个西湖区感受到温暖的氛围。

再一个，我们也增加了我们的志愿服务的积分兑换内容。原先可能只能在志愿汇上兑换一些电话费、电影票，我们现在也提供了更加丰富的积分兑换的内容，比方说我们西湖区卫健局拿出了180份健康检查名额，大家可以在志愿汇上进行兑换，西溪湿地景区也拿出了很多的景区门票以及旅游体验项目，让大家的益币可以兑换到更多、更丰富的东西。

最后一块内容就是我们说的3.0项目的延伸。我们在形象上有了一个更专业化的体现，大家应该知道妇联有妇联的巾帼志愿者，我们共青团中也有青年志愿者，甚至垃圾分类志愿者马甲的颜色还不一样，款式也不一样，绿的、蓝的、红的，甚至还有玫红色的。现在在我们整个西湖区，志愿者形象完全统一了。首先颜色确定是红色马甲，除了社会服务有其他的款式外，至少我们在参与基层社会治理志愿服务工作时都是身穿红马甲的，背后也统一写着“西湖区志愿者”几个字，左胸会有一个个性化的体现，比方说邻里街道志愿者或者是“五水共治”志愿者，我们在形象上对我们全区的志愿者做了统一。

在项目上，我们的工作也成为全省一个社区志愿服务试点的工作。在我们西湖区，大家可能觉得高校志愿者的力量很大，高校志愿者普遍比较喜欢参加赛会志愿服务活动。现在我们通过志愿汇平台，将我们青年志愿者的队伍力量和我们社区所需要的志愿者的需求进行高度的匹配。社区首先把自己需要青年志愿者参与的——比方说我们的花园亭社区，在打造一个国际化社区，就需要外语志愿者——把这样的需求在我们的志愿汇平台上提出来，同时我们的高校中愿意去社区参加志愿服务的青年志愿者数量也摸排出来，进行匹配，这样就能确保大学生志愿者可以留在社区，常态化地参与我们的志愿服务工作。

3.0的工作大概就是这些。作为我个人，在参加工作没多久时就可以参与志愿服务工作，还是觉得非常荣幸的，很难说会不会一直都待在志愿者的管理岗位上，但是起码我会一直坚持去做一名志愿者的，谢谢大家。

主持人：谢谢张老师，她绘声绘色、声情并茂的演讲，还有让我们看到的这些场景，引起了我们的共鸣，也让我们深受触动。

接下来我们将会邀请到绿城物业集团的负责人潘晓经理来为大家做分享，因为不仅是社区，我们的团组织和政府工作人员是基层志愿服务、社会治理的主体，绿城作为浙江省内著名的物业公司，有非常多的居民用户，他们都是我们潜在的志愿者，我们听听看他们是怎么做的。欢迎潘总。

潘晓经理：很高兴跟大家一起分享，今天也是来跟大家学习的，因为我们公司真正从公益的角度做工作也是在去年才起步的，当然前期已经酝酿了很多年。今天跟大家来介绍一下我们的工作，一起分享一下。

绿城物业服务集团是1999年成立的，主要以物业服务为动机，以服务平台为介质，秉承真诚、善意、精致、完美的核心价值观，为广大业主提供人文关怀服务。20多年来，绿城服务坚守服务品质，到今年连续9年位列全国物业服务业主满意率的第1名，从基础服务到2007年提出的园区生活服务体系，到2018年提出的业主共治模式，我们都在持续改善服务，完成从满足业主物质层面的需求到精神层面追求的大跨越。

党的十九大报告中提出，打造共建、共治、共享的社会治理格局，加强社区治理体系的建设，推动社会治理重心向基层下移，发挥社会组织作用，实现政府治理和社会调节、居民自治的良性互动，这也是一个时代发展的需求。绿城的创始人宋卫平先生也认为，园区自治共管模式或许是绿城生活服务最好的模式，让更多的业主参与到生活服务中来，每个人都能自治自为，人人都是服务者，人人都是被服务者，这本来就是社会的良好风尚，也是人类城市化过程里非常重要的驱动力量。

我们也做了一系列的研讨和探索，从马斯洛的需求层次理论中汲取灵感。对比现在的邻里需求层次，我们认为业主参与设计、共建共管园区，符合人们对美好生活的自发探索，从最初的居住品质到环境的安全到邻里的交往到自发的参与，再到自我目标的实现，我们分三步走。首先是让我们的业主能够打开房门，第二阶段是主动地参与，敞开心门，最后的阶段就是自主设计、共建、共享，我们的愿景是老有所依、幼有所教，花儿绽放，邻里和睦，我们愿意并希望给生活在绿城园区的所有业主共创幸福生活。

从2007年绿城服务提出园区生活服务体系以来，针对园区的业主共治模式，我们已经进行了一系列探索，像护林社团、奇妙社、海豚计划、公益的少儿游泳培训、娱乐学院、绿城园区内的老年大学、工会业主服务品质的监督组织，还有业主专家组等的控制模式，都是我们的一系列尝试。经过十几年的探索，我们认为业主共治模式可以促进邻里关系，提升服务品质，新型服务模式值得探索和尝试。基于此，我们绿城服务也思考了以邻里互助平台为依托，以邻里文化为主线，打造业主主导的社区共治组织，营造业主共治、共建、共享的幸福园区。

我们也关注邻里温情的培养、邻里之间的守望相助，友爱、分享关怀的中国市民文化是很独特和宝贵的。所以我们在去年的9月份，由15个绿城园区的业委会主任，共同创立并启动了绿城幸福里的业主控制模式试点，也明确了我们的定位：由政府、社区、业委会、物业等多方打造的共建、共治、共享幸福园区，旨在分享中国式邻里文化。园区主要还是跟社区街道接触比较多，政府把控幸福邻里的共治模式的发展方向，业委会代表全体业主的利益，业主参与园区的共治共建，物业作为一个协助方来开展工作，并共同参与到园区共治工作中来。我们做了一个组织架构，即“1+1+N”的文化管理体系。

第一个“1”是以社区党委为指导机构，第二个“1”是以业主委员会为组织平台。在园区内我们也做了一个组织架构，首先是社区党委的指导，再是业务组、业委会和业主服务质量的监督小组，这样，组织形式就成立了，形成了一个绿城幸福模式。每幢楼设楼长，每个单元设院长，每户家庭设家长，以网格化的形式参与公益事业。

我们的文化理念是众筹共建、资质分享。特别要说一下，我们倡导园区内的业主自愿地贡献自己的服务时间、精力、专业知识等资源，为园区贡献一分自己的力量。我们的绿城幸福志愿者服务总队成立以后，经过杭州市志愿者协会的牵头，我们也接触到了志愿汇，双方一拍即合。从去年年底开始，已经展开了一年的合作，我们觉得这个平台非常优秀，所以现在也在筹备第二次的合作。我们在志愿汇上注册了志愿者，发起了一个志愿活动，也建立了一个志愿服务的数据可视化平台，因为我们现在在全国有 1400 多个项目，这个是全国的创业平台都有显示的。

第一阶段我们还是围绕老人、孩子和年轻人等重点社区居民群体，开展艺术文化休闲类的活动，并植入我们与志愿者相关的策划、参与、组织宣传活动的元素，让居民在活动中进行沟通交流，彼此相遇相识。通过邻里见面，常态化地开展我们的文化活动，一年四季基本上都是可以覆盖的。另外再辅以一些节点性的活动，还有成长性的活动。

第二阶段是搭建邻里自助的文化活动平台：社区文化活动升级的专业化培育，老年、少儿艺术第二课堂等社团组织，由有才艺的邻居来做老师，有组织能力的邻居来做社长和班长，帮助邻里间从相遇相识到相熟相知。

第三阶段是营造良好的社区氛围，让业主找到归属感，愿意为邻居提供帮助。从只管小家到为大家打造和谐的邻里关系。邻里间相容相守，共建美好。我们通过三大主力人群——一是年轻的长者（他们有充裕的时间），二是热情的少年儿童（他们的积极性非常高，也能带来很多正能量），第三就是中年业主领袖（有能力又有专业度）——来倡导我们共建共享和谐的园区氛围。对内我们关注园区内的公共利益，像环境保护、卫生保持、安全巡查等，还有矛盾的处理；对外我们也希望能够助力社会公益，让更多园区里的人能够走出社区服务社会，比如参加大型的社会活动、赛事，参与敬老活动、城市文明宣传等。

今年的9月底，我们幸福邻里在杭州市志愿者工作指导中心的牵头下，与杭州青荷公益基金会、杭州西子志愿服务发展中心联合成立了杭州青荷助老志愿服务中心，未来我们也会整合社会资源，为助老打造公益新平台，提供帮困关爱服务，助力社会公益。同时我们也与杭州小营街道的助老中心合作，拓展我们的助老服务基地，开展志愿活动，将公益精神输出到更多的社会公众身上。

还有一块内容是救援，我们正在酝酿成立绿城幸福救援队。自2019年9月起，绿城启动招募志愿者，成立幸福邻里志愿救援总队，报名人数已超过300人。报名的志愿者中已经通过公众急救培训并取得合格证书的有100余人。志愿者日常可以对园区内的紧急情况开展救助。

最后我再介绍一下我们目前的情况，主要还是安全巡查、急救培训、垃圾分类，以及冬天清理积雪和一些送温暖的活动。我们注册志愿汇的人数也从今年1月1日开始的3个人，发展到现在的10万人以上。目前的情况是，到昨天为止，注册志愿汇的志愿者人数为106000余人，志愿队有1091支，签到的活动有13000多次，信用时数在13万小时以上，目前我们在志愿汇的排位是848，这个也是我们觉得非常自豪的，希望能够做得越来越好。幸福是温暖，是奉献，是宽容，我们希望在公益的道路上与大家一起努力，谢谢大家！

主持人：绿城是国内知名的物业集团，作为活动发起方，推动全国各个地方、各个分支机构、各个社区的居民注册成为志愿者，设计了一系列的活动，我觉得对于我们在座的，无论是社工机构的负责人，还是志愿者服务团队的负责人，都有很大的参考价值，因为这些具体的项目都需要志愿者去发动去做。接下来我们邀请到了上海市青年志愿者协会、共青团上海市委社会工作部的徐天一部长来跟我们分享上海在探索志愿者守信、联合激励方面的一些做法。

徐天一：很感谢主办方给我这样一个机会！

今天其实比较惶恐，站在这里跟公益界的各位小伙伴们一起来分享，也谈不上什么专家，比如说上海团市委在青年志愿者的激励和保障以及信用体系的建设上，一直在追赶浙江很多城市的小伙伴们，因为这件事儿上海做得比较晚，但是上海的资源还是比较有优势的，所以我们也觉得玩出了一点小花样，今天跟大家简单地分享一下。

党的十九大提出推进诚信建设和志愿服务制度化，强化社会责任意识、规则意识、奉献意识，这是一个大背景。另外我们最新的党的十九届四中全会也谈到了社会治理、国家治理的体系，里面非常重要的一块就是信用，信用也是我们国家治国理政的一个重要方面，严重失信人员不能坐高铁、坐飞机，会被冻结房产，不能交易、不能融资、不能贷款。很多人就会问，接下来我们具体该怎么去做这件事情？我们说，可以开展守信联合激励。一直说好人要有好报，或者说守信者要处处便利，失信者要寸步难行，才算得上是对守信的激励。现在失信者已经寸步难行了，守信者怎么来处处便利？我们就是从这个角度出发去考虑问题的。

我一般会跟企业说，我们是社会信用体系的重要组成部分，包括价值引领、重要创新渠道，这些都没问题。但是我一直认为我们的信用体系和志愿者的基地不论是共青团也好，公益组织也好，还是志愿服务的发起方也好，都是连接社会、获取资源、整合资源的一个重要窗口，所以我们就不具体讲思路和步骤了。

我们这边也有一个“青城上海”的微信公众号，9月份的粉丝数据是214万，现在是260万，一直是我们沪上排名最靠前的政务官方新媒体。另外我们还有微博、微信等，这些互动平台在上海基本上也是比较活跃的。大家都知道上海年轻人很多，高校很多，所以这块数据还是可以的。另外我们自己也专门做了一个平台叫“上海青年”，我们谈了这么多福利，或者说做了很多措施，落地了一个呈现的窗口，这也是仰赖于我们汇总合作的一个大数据可视化的途径。

先跟大家聊一下在上海我们做得比较有特色的一个点，叫“青年守信安居计划”。我们之前在上海人大做了一个调研，调查志愿者最希望在哪些地方得到激励或者反馈，得到的反馈是希望在信用领域给他一定的反馈，我们就拿着这样一张牌去找了很多国内的长租公寓，在房地产开发这一块做了很多努力。因为在上海，房产是直击青年的痛点，很多青年人才在上海创业或者择业，或者留在上海追梦，哪怕是择偶，第一件事就是要解决房子问题。我们现在找到了11家房地产企业，给我们三年内累计5.3万套房源用于正向激励。什么概念？就是我们自己做的一个评价模型，不同志愿者可以享受到不同的星级待遇，比如说成为一星志愿者，其实只要注册做一次公益就可以，非常简单，在长租公寓的时候，就能租一年免一个月的租金。这是一个触手可及的福利，但是每个用户只能领一次，所以很多人现在不用，而是打算把自己的经验累积得高些，在更高的星级上使用。我们大概测算了一下，到成为三星志愿者，也就是公益时间达到100个小时，能比较稳定地去参与志愿服务和公益活动。上海市的三星志愿者，甚至可以租一年。如果达到四星，也就是500小时以上的志愿时长，我们算了一下，如果你是每年参与，或者是参加这种大型赛会中需要长期服务的岗位，基本上是很快可以达到的。四星的志愿者可以租一年免半年租金，五星的志愿者是租一年全免。我们的设计是根据这样一个逻辑：大一进入学校的新生，到大四毕业的时候，基本上能够实现比较好的新居环境，志愿者星级数在四星以上，我们希望能够对这些志愿者负责。现在我们上海有72位五星的志愿者。另外，今年我们又把造血干细胞成功捐献配对的人也纳入其中，现在一共是120多位五星志愿者，享受租一年全免的福利。一个公寓就一间屋子是免费的，这在上海还是比较热门和火爆的项目。所以这块先跟大家亮个底牌，这个就是我们比较拿得出手的东西，其他方面跟大家的都差不多。我跟企业基本上讲的就是到底有哪些竞争力，今天肖总过来可以跟大家一起探讨，我们公益组织在跟企业打交道也好，跟各类资源打交道也好，哪怕是跟政府打交道也好，我们的优势到底有哪些。

首先我说最高规格的党政领导关注，主要还是想体现这个事儿，国家发改委也好，中国人民银行也好，还有我们共青团也好，都是非常重视的，我们市一级发改委、央行、上海总部也是比较关注的，而且社会各个领域、各个行业都能够牵动起来。比如说我们现在共青团和民政这边有为老、助残、献血，还有造血干细胞志愿捐献……这么多的活动和合作，他们的领导也非常希望我们能帮他们去做一些宣传。另外，在绿化和生态环保这块，河长制、垃圾分类这些工作我们一直在做。我们共青团特别擅长的就是搞活动。我觉得咱们把这个故事讲好，让志愿者做有意义的事情，让事情变得更有意思，就可以获得更多的关注。

第二块我们觉得比较自豪的事，就是可以盘活各类资源，这一块也是我们的亮点，有很多嘉宾会前来助力。比如说，我们连续两年跟易烊千玺和关晓彤合作拿下了金博会的推广大使，我们创造了一个微博话题，阅读量达到3.6亿。另外，我们还有很多VIP大使，每年也都会去请一些新的伙伴来到上海为公益发声，号召青年参与志愿公益。我们也请了三位明星跟我们一起来发布信用合作方面的一些合作，包括到杭州建设的一个新旅游项目。另外，对企业也好，对政府资源也好，最好的是帮企业实现一个CSR的定制。上市企业都有一块经费来做公益，有很多企业不知道要做什么，但是只要有资金，我们就可以主动告诉企业，我来帮你做，比如说有些企业致力于环保和材料的循环利用，我们就可以帮企业订制垃圾分类，或者一些物资循环利用的倡导性理念。我们之前跟碧桂园集团做了一场公益盛典，也是让他们感觉非常有温度，整个碧桂园的形象也提升到了一个比较高的高度。

我们现在也有各种资源的整合能力，讲一个城市到底行不行，讲的是资源配置，不是讲整合。我们从2017年11月开始正式干这个活，9月份到杭州来调研，11月份算是正式开始做这件事，一直到现在签约了53家合作伙伴，里面比较知名的有京东、华为，还有一些大型的国有企业。比如说去跟年轻人说水电费给你优惠，付物业费有优惠，我们还是要尽量去贴合年轻人的需要。我们找到很多有意思的合作者，比如说苏宁易购，有很多的电商产品，现在也在做苏宁文创；比如京东给满105元减5元的消费券；还有天使之城，不知道杭州有没有落地，在上海大街小巷都有鲜榨果汁的机器，只要是二星、三星志愿者都可以免费喝15杯。这些都是非常受年轻人欢迎的。饿了么的红包一上线就抢爆，因为高频次的应用太广泛。另外，我们今天还尝试跟电子竞技俱乐部搞了很多线上的互动，注册志愿者去现场领门票。我们一直在不断做尝试，包括我们现在进博会以后，跟中国欧莱雅和雅诗兰黛都陆续在聊合作，他们说美妆这件事只会越用越好。他们这个行业是非常赚钱的，他们也非常希望给现在的年轻人更多的优惠，我们也觉得越贴近年轻人的东西越能够抓住他们，越能够给他们一些获得感。所以这个是我们正在探索的事，就是守信联合激励。

很多企业非常渴望能够借着你的快车道，进入各种应用场景，能够直接触达学生用户。比如航空公司就希望告诉学生，第一次飞行是对航空公司的选择，很可能让乘客产生用户依赖，包括第一张信用卡、第一次打车。这一块工作是我们特别拿得出手的一个核心业务，我们将各类资源引进高校，加大守信联合激励的力度，用这个来吸引和鼓励更多的年轻人。

另外，我们觉得共青团在媒体资源的整合和公共资源的利用方面，还是比较有办法的。我们也有很多的兄弟单位和兄弟媒体支持，所以说这一块也是我们比较核心的资源。

现在上海虽然有900万青年，但在注册志愿汇的人数上比较惭愧，只有130多万人，我们还在努力，怎么让这些青年成为我们的志愿者，我们在不断地探索。也谈不上专家，就跟大家简单地分享一下，感谢大家。

主持人：太接地气了，这就是上海青年志愿者协会，思维很灵活，资源也比较丰富。我们都知道科技公益是我们今年的主题，我们刚才也简单地聊了一些在社会治理这方面的一些应用，我们今天的公益伙伴也听了我们整个的分享环节。今天我们的圆桌论坛环节就到这里，再次感谢老师们的精彩分享，谢谢。

青年＆科技＆公益·助推智慧治理分论坛总结

上海团市委、西湖团区委、长庆街道、绿城物业及社会公益组织就科技公益治理议题经验进行了充分交流分享。上海团市委带来上海地区青年信用体系建设，尤其是有关志愿者保障和激励、优惠政策的经验谈；绿城物业从物业公司角度就物业公司与业委会的融洽关系以通过物业服务的方式参与社区社会治理；西湖团区委则是通过区块链技术志愿服务3.0版本，赋能整个志愿服务时长应用，增添整个区块链的应用场景。通过这种高科技手段，将每个人的付出变成可追溯去中心化的数据，为将来社会治理大数据库提供保障；长庆街道在社区基层治理方面进行探索，体现由志愿汇开发下城区的经典点单派单式志愿服务新的模式，将服务对象、志愿组织和志愿者三主体以三位一体的形式聚集于同一平台，以提高供需对接效率。

在圆桌论坛环节，绿城物业等相关专业人员以不同主体参与社会治理达成共识为主题进行分享。大家认为社会治理最大的作用是从管理到治理参与主体的多元化，并非解决问题的效率提高了，而是解决问题的主体改变了。比如有老师谈到收花盆的事情，如果由居委会去实行，居民第一反应就是政府要拿东西就要付钱给我，但是由居民志愿者组织去做，他们之间的沟通反而能增进邻里之间的关系。沈凌峰介绍，在湖滨时，每到重大节日，都会组织几百个志愿者拉起人墙做疏通引导工作，但是如果由城管去做，对于整个杭州的品质支撑、温度支撑来讲，肯定不如志愿者，志愿者带给大家的亲和力效应让大家自觉遵守交通规则。以上事例包括绿城物业分享的业委会跟居民打好交道等，都是因为主体的转变，是达成的第一个共识。从社会管理到社会治理，并非一定意义上的效率提升，更重要的是参与主体的多元性，即曾经同样的问题，通过不同的人解决了问题。会上达成的第二个共识，即不管是科学技术还是公益项目，志愿服务组织出发点和落脚点是服务人。习总书记提出要实现中华民族伟大复兴的中国梦，如果没有精神的伟大复兴，如何带来社会与民族的伟大复兴？因此所有志愿服务的出发点，其实都是为了唤醒人类精神的伟大复兴。

同样，党的十九届四中全会提出了要实现国家治理体系和治理能力的现代化。如果没有人类的现代化，也就没有社会的现代化和国家的现代化，因此所有问题的出发点和落脚点都归结于人。志愿汇作为一个科技产品，通过区块链的技术或者大数据的预算或者云计算，包括将来的人工智能，一直在探索随着人工智能的发展，志愿服务的很多领域会不会被科技所取代？答案是不会，因为所有问题的解决是为了同一个目的，以上所有的不管是人工智能还是服务客户，或者是借助的工具，其实都是一种手段。

治理也是一种手段，治理的目的都是更好地服务人，这是整个科技板块的共识。现在大家可能知道水滴筹的事件，科技带来革命，极大提高了整个社会效率，但是在效率提高的同时，因为没有关注到公平性，没有关注到社会的接受度和认可度，造成了严重的不良社会影响。这个事件表明科技是一把双刃剑，任何事情我们都应该从辩证角度去看待。

最后与会人员体验了通过扫益币兑换小商品的现场活动。这个益币兑换机是“我为人人，人人为我”口号落地的一个载体，通过志愿汇平台扫益币兑换小的商品助力社会公益。

公益研学·助推社会治理
研学旅行和可持续发展

董舒：首先很荣幸有此机会与各位分享研学旅行和可持续发展的话题。不知大家是否有过这样一种印象：自 2016 年教育部颁发文件以来，近年来“研学”一词愈发频繁地出现在我们的日常生活中。

今年我们能明显地感觉到学校对于研学旅行的要求越来越多，也越来越高，那么研学旅行可解决哪些问题？不难发现，关于研学旅行有诸多的新词，如研学导师、研学基地等。我们需要让学生学到的知识究竟为何？个人看来，搭建学校和社会间的桥梁是关键。很多学生在前 20 多年，大部分时间都在学校度过，待毕业走向社会后便不知所措。他们不知如何去应对这个与校园完全不同的环境。所以在那个时间段，多数学生采取的办法是别人告知要怎么做就怎么做。他们不清楚自身真正想追求的是什么。此时研学旅行的出现给很多公益机构带来了一片天空——通过我们的努力，帮助学校和老师更好地开展学生的教育。

在该课题中我们面临着极大的挑战，学校的第一个挑战就是解决学以致用的问题。这个题目是我在朋友圈看到的，学校体育比赛中的铅球比赛，他有 5 次成绩，但第 3 次是犯规的，最终平均成绩是多少？他的成绩合计后，到底是要除以 4 还是除以 5，也就是求平均值的问题。这次犯规究竟是否要计入平均值里？在校学习内容与在社会上的处理方式还是有区别的。

第二个面临的问题是多重选择，大家可以先了解下，这是我们当前所面临的一个严峻挑战。第三个问题就是社会责任感问题。很多大学对此愈发重视，尤其是在一些大学的录取说明中，强调学生除学习成绩外的社会经历、个人爱好等。刚才在谈论到学校和社会的挑战时，对于社会组织来讲，的确有很多得天独厚的条件。

第一，社会某些方面需要改进才会有相关社会组织的出现，我们做公益时会直面社会问题。第二，社会组织做事是为了体现社会责任感，所以才会有很多人参与到公益组织的活动中来。

可持续发展涵盖了方方面面的内容，而它若能融入研学旅行中，能够给孩子带来的发展目标是什么？最新可持续发展目标是到 2015 年时才被提出的，这个目标是在

2016年到2030年这15年间，全世界各国人民都需要完成的目标，即本地发展的目标。2015年9月，联合国193个成员国共同通过了这个目标，习总书记在会议上代表中国人民庄严宣誓，要为全球实现可持续发展目标做出努力。

该次会议发布的17个目标涵盖了社会的诸多方面，包括贫穷、饥饿、健康、教育、清洁用水、气候等。而且在可持续发展教育的过程中，有一个重要的价值观导向——相互尊重。我们要尊重他人，尊重未来，尊重差异和多样性，尊重环境，也要尊重我们的下一代。而当我们能够真正体会到这种尊重所带来的价值时，便自然愿意为全世界的可持续发展尽自己的一分力。

举两个例子，今年我们在天目山镇的徐村，专门开发了一个新的课程，同时也把徐村打造成我们一个培训发展基地。徐村是个什么样的地方？这当中还有个有趣的故事，当年“二战”时美国飞行员空袭日本东京，因为飞机上的油量不足，他最终选择迫降，于是沱江村民来解救他。这是关于挖掘历史故事很好的一个典型。而徐村目前也在准备筹建中美和平纪念馆，这是一个很有趣的话题。天目山本就环境优美，再加上悠久的历史积淀，我们最终发现可持续发展的17个方面都有徐村可去介入实施的端口。包括生态农业、民宿和旅游休闲等项目，都可以与本地发展结合。

所以在此基础上，今年我们来到徐村。10月，它被授予联合国可持续发展基地的培训发展的教育研学基地。欢迎有更多的地方与我们一起携手发展研学基地。因为基地建设起来，便能充分利用这些基地资源，给学生带来更多收获。此外，我们会研发一套与可持续发展相关的课程，包括今年所整理的一些课程，这本书应该很快就能出版。它围绕17个目标，每个目标有1—3课，今后再逐步完善。我们的课程活动设计在书中均有详尽的介绍。相信它能真正成为一本非常具有价值的参考用书，把它引入我们的研学课着实意义非凡。

下面通过一些实际案例来走进我们的研学旅行。今年主推4条路线，其中两条国际路线分别前往美国夏威夷和韩国。这两条线路我们已走很多次了，每年都在不断地提升品质，不断地从可持续发展的角度进行深挖。国内开展了西安和千岛湖两条研学路线，千岛湖以整个钱塘江再加上上游的徽派文化为中心，打造特色研学路线。

接下来具体介绍下我们的线路。2月1日到2月8日，我们第五次赴韩国清州，清州的知名度不及首尔，很多人提问清州在哪，其实它离首尔并不远，被誉为韩国的“绿色之都”。这个城市的发展理念在韩国是非常先进的，且城市有个明显的特点就是随处都能感受到人与自然和谐共生的画面，在这里能体会到每个人对美好环境的渴望。

关于夏威夷的这条线路，每年我们都会拜访夏威夷的州长，一同开展海滩活动、社区活动，因为夏威夷是世界可持续发展会议的举办地，所以他们对社区的发展非常重视。要与大家再次分享的是，这些活动中我们的介入方式。旅行并不简单，到一个地方看到一些事物，把这个地方的知识讲述给孩子们听。好的旅行应该从出发前便真正开始，从分组建团队开始，出发前会对孩子们进行明确的分组。每个组里每个人都有分工，比如负责学习、财务、纪律，还有负责宣传、交通等，分工的好处就是让每个人知道自己要做什么，如此一来他们会把自己看成团队的一分子，从而为了团队的发展而努力。在韩国的时候，老师布置的任务就是去了解他本人的小秘密。李老师在学习英语，他英语不好，主要说韩语，孩子们的英语程度其实也有限。但是为了能了解到老师的秘密，他们几乎每天都在交流，虽然我们并不清楚他们的交流方式。行程最后一天，大家将各自组里所探访到的李老师的小秘密进行了分享，内容多到差点把老师给听哭了。可能老师这么久以来第一次被这么多人同时关注，小组代表在讲述的时候，他们自己可能并未意识到，但在旁观者看来特别有意思。当我们代表不同利益时，能够碰撞出诸多有趣的观点，西方文化中有很多类似情况，比如水电站修建的意义，可以通过圆桌会来实现，且讨论的过程对学生来说极具价值。他们一方面要与自己的团队和谐相处，共同提出高质量的观点，另一方面要针对别人提出来的观点进行辩论。

此外，还有一个小河长项目，对此我们专门开发了一个关于河流监测的小程序。检测成果会通过它记录下来，孩子们会成为城市河流监察员，共同关注河流的健康。从美丽的角度来讲，在欣赏千岛湖自然之美的同时，还能看到很多非物质文化遗产，这些属于在线路中间可以去体现的艺术性的素材。人文资源就更多了，很多民间艺术家、纯朴的劳动人民，其中有很多可以挖掘探讨的东西。

“绿色浙江”进行了九年的钱塘彩绘，每年都会在钱塘江畔让更多孩子将自己的画展示给我们，好的作品可以放在钱塘江畔，让更多人能看到他们的作品。

我认为这个世界或许并不完美，但对于孩子们来说，从现在开始就要通过自己的行动和努力去改变它，让世界变得更加美好。这也是我今天想要分享的，大家可以通过“绿色浙江”的公众号和“未来使者教育”的公众号关注我们，我们会将动态消息及时发布在上面，谢谢。

主持人：非常感谢董老师，一直致力于研学旅行，每场研学旅行都有自己独特的研学手册。所以想请问董老师，“绿色浙江”的公益研学画，它的研学手册是怎样的？可以给大家介绍一下吗？

董舒：研学手册从早期设计到现在已历经多次变化，在人生手册里，包含很多需要他们自己去创作的内容。举个例子，今年在孤山时，我们让学生在西泠印社发现不同的书法字体，西泠印社有很多书法字体，楷书、篆书、行书、隶书……他们还去了博物馆，参观了里面的瓷器和窑系。最后需要在一个空白的瓷器模型上，画出他们理解以及所学到的内容，例如瓷器的腰线、花纹，并用西泠印社里面的这些书法字体给它们取名。孩子们对此很有兴趣，瓷器对他们来说就是自己设计的作品，可以带到学校展示，并且展示的效果非常好，因为他们需要在这个过程中融入自己更多的创造力和想象力。这也是我们一直在延续和发展的过程，希望能带给他们更多可以拓展的空间。

主持人：非常感谢老师，我们再次把掌声送给他。

蚂蚁力量儿童义工团：首先感谢主办方邀请蚂蚁力量参加本次的品质公益峰会，我们来自北京，叫作“蚂蚁力量”，主要开展少儿公益。目前在全国有200个城市与我们是联合发起人。覆盖人群约200万人，每次班级活动每场次会有30多万人参与。

我们的成长史从2013年开始，大概7年时间，植树节的地球银行、世界清洁日及垃圾分类等，在儿童认知的领域是非常成功的。自2008年公益元年到2019年，发展已较为成熟。南方有一些覆盖，有很多“小蚂蚁”在你们所在的城市认真地担任着他们的小义工角色，若大家周边有涉及，希望对蚂蚁力量少儿公益活动多多给予关注和参与。我们的理念是“公益+教育”。我们会以社会教育形式，邀请4—16岁的青少年来参加以家庭为单位的社区实践活动，培养他们的同理心和责任感。

80后的家长对于教育可能有一个共同点，对于孩子真正成长的教育理念很是看重。在应试教育中一些孩子做题速度很快，计算也很迅速，这些只是其中的一个方面，教育更重要的是给予孩子爱的力量，让他们真正感受到社会中还有很多东西值得去学习。针对青少年开展时间教育的公益活动，通过让4—16岁的孩子在课余时间参与项目式学习、社区探索、职业体验等公益实践活动，培养青少年的公民意识、同理心及责任感，锻炼孩子们自身的领导组织能力。

以我自己的生活举例，我的孩子在刷牙时浪费水，不管怎么教育都成效甚微。于是有一天我拿一个盆，在他刷牙时接了一盆水然后告诉他，你刷一次牙要浪费多少水，这些水用途会有多大，让他真正明白其中的含义，有一个更直观的体会。

这才是我们真正想给予社会、给予孩子们的教育。在一些自媒体中，新教育模式的理念可能会存有偏差，但在公益领域，公益赋能教育还是有发展前景的。孩子们也在教育大会上获奖，通过日常公益活动的点滴累积，孩子真正了解了我们的理念。目前很多自媒体都在关注公益，有些人会认为他们是想通过公益来达到商业目的。其实不然。我们与一些大型教育连锁品牌均有合作。在与他们一起开展公益活动的过程中，能体会到商家参与公益有较强的商业目的，他们对于公益的理解并不完善，但他们都愿意携手与我们一直走下去，并且久而久之对公益有了全新的理解。在某个阶段或某个领域，孩子们真正认知到的事物是我们所给予不了的。真正要培养孩子们的爱心，有时他们是很难理解的。如此一来应怎么做？可以让他们去参与活动，从每次活动的认知中去体会其中的真谛。在教育的过程中，情商培养固然重要，但我们目前更应该注重的是对于他们爱的能力的培养。他们在一个充满爱的环境中成长，体会到的会比他们做题中得到的更多。马云也曾说过要培养孩子的爱商。从根本意义上来说，我们只是在公益的领域里带着孩子们，赋予他们爱的能力。

截至目前我们所开展的很多公益活动，想必大家可能有所耳闻，在 12 月 31 日会有“一杯姜茶”的活动，今年是升级版。在每个城市的“城市温暖日”这一天，每个培训机构、每所学校、每个社区以及每条街道，都会发展我们的蚂蚁力量。全国有 230 万的“小蚂蚁”会默默地走上街头，对凌晨 4 至 6 点的这些城市服务者、守夜人给予关怀。他们不只是拿一杯姜茶，还要进行认知调查，开展市场调研以了解我们服务的对象。比如环卫工，他们从凌晨 4 点到下午 6 点一直处于工作状态。活动以家庭为单位，三个家庭为一组，在每个社区、每条街道、每所小学，全国每个城市的店铺都可以开展，所以规模会很庞大，央视、北京电视台及“今日头条”等新闻频道和自媒体均会予以报道。

截至 12 月底会有一个新的活动叫作“蚂蚁清城”，目前开展了 300 余场垃圾分类和捡拾垃圾活动。在包头的 18 所小学，所开展的每一场“蚂蚁清城”都会有电视台跟进。还有我们做的植树节活动，叫作“地球银行”，为什么取这个名字？是为了让孩子们能从心理认知上理解种树的真实意义是什么。

大家所看到的便是我们在山东青岛开展的植树节活动，类似这种规模，每年植树节大约会进行 2000 场次，规模庞大。这张照片看起来像是交错的管道，极具艺术感，其实它是用塑料垃圾拼成的作品，它真实的样子是什么样的呢？今天蚂蚁力量在全国每所城市开展的活动，都会在我们的公众号中予以展现。

我们在开学季也会开展大型活动，今年主要是“一杯姜茶”和孝敬父母的春节敬茶活动，明年计划开展拒绝校园暴力的活动。每次主题活动都会让孩子们参与到活动当中，从认知到思考再到行动，是帮助孩子理解的一个最好过程。不单单是送一杯姜茶本身，而是送的对象，对这个对象有一个了解的过程，包括他的工作模式，他为什么在那个时间段不睡觉？为什么在这个城市要服务孩子？在这些问题之中会找到答案，家长也会在与孩子的互动中增加与我们组织的黏性。这是我们想要达到的目的，也是孩子和家长共同成长的过程。在凌晨4点，每个城市都有它的服务者，有地铁工作人员，医院急诊室的医生、护士，保安岗亭的工作人员，这些都是城市的守夜人。在孩子们认知的领域里，他们要了解这些职业，只有了解才会有认知，才会萌生做公益的念头。

这个过程会赋予孩子们更多的身份，联合北京志愿者协会以及相关机构，为他们颁发相关的证书。他们会邀请身边的小伙伴来参与爱的行动，这便是孩子们自主行为的扩展和延伸。在每次活动时都会请孩子们自由发挥创造力。从这一活动开始到结束，他们收获了什么，在哪些方面得到了成长。

印象最深的是某次在青岛开展“蚂蚁清城”活动，有孩子在捡垃圾的过程中，有明显的抵触情绪，他认为捡垃圾很丢人，家长也觉得有失体面。到街道上捡垃圾的这一举动，无论出身富贵还是贫贱，家长都要陪孩子共同进行这项活动，真正去体会垃圾分类的难处，这样做对孩子的人生有很重要的意义。在植树节，我们与当地的园林部门，以及一些城市的宣传大使均有合作。这是我们交换宣传片拍摄的经验，就像孩子们交换糖果时的甜蜜。默默付出的人们用行动温暖城市，或许在您所在的城市，每个角落、每个时间段都有人在为城市的美好而默默付出。作为成年人的我们都知道，但是孩子不一定了解，我们能做到的就是让孩子去理解这份责任，以及这份社会给予我们的爱。

我们还有一些其他项目，昨天与本次与会人员中的一位探讨了留守儿童的问题。他说那边的儿童物资很匮乏。我在北京组织物资捐赠，因为我们的总部附近是中国红十字基金会总部。我们在捐赠物品时，会跟踪物资去向。每次跟踪都并非及时，他们的项目要落地，可以协助他们联系一些我们的物资。可能短时间内无法改变孩子们的习惯，但可以通过公益尝试着去改变。我带着孩子们参加活动，他们都多多少少明白了一些道理。换一种身份来提出要求，你要将你碗里的饭吃光，不要浪费粮食。所以他从认知到思想到行动，有一个循序渐进的过程，我们真的做到了影响一批人。

孩子们对电子产品很是狂热及迷恋。我们做过一次体验，即在家长和孩子之间有一到三小时的静默模式，其间不触碰任何电子产品。只有两者间简单的沟通，孩子与家长有一个爱的反馈形式。每次在学校、社区组织活动时，有一些家长都不成功，孩子也表达了需要的是家长的陪伴，而并非从家长手中获得多少零花钱。

少年探索和蚂蚁部队，每个活动都有少儿公益存在的意义，每个活动都让孩子们了解到这次活动真正想让自己得到什么。家长也有自己的缺点，也有需要改进的地方。要学着真正与孩子们建立朋友关系，使他们学会关爱他人，学会宽容。每次参加活动时，高年级的同学容易陷入小巷思维，会很抗拒、不顺从。在有抵触时，我们不要一味妥协，也不要直接给予否定，有一些可实践的内容给大家参考。每次在寒暑假时我们也会推出夏令营、周末营。我们有造血功能，我们的服务能力在北京影响很大。在河北、天津及山东活动成效最佳，山西也有。招生很难，也很费力，在此我们也会给予他们一些可供参考的经营模式和理念。

今天的主要议题是公益峰会，所以在此主要分享的是我们在公益板块所做的努力。我们会有一些校本课程，若有兴趣可以了解，可以加入。目前团队的核心人员都是教育界的大咖，在北京有一定的影响力，在全国有一定的知名度。袁超峰先生是蚂蚁力量的创始人，公司是由他在 2014 年创办的。

最后也希望各位能分享及认同我的理念，真正做教育不是在于能挣多少钱、盈多少利。赚钱是工作的一部分，教育真正的核心在于让下一代不要脱离社会发展和人的发展的实际需要。在这一阶段我们要改变对教育的理念和方法，所以希望在座的各位如果有认同我们的核心观念的话，可以加入我们，在您的城市、您所在的社区、您所在的学校发起我们的公益活动。

大自然保护协会：又有一批新的年轻人，他们从城市来到乡村，到城市周边的乡村去创业。在此我将自己的经历稍做分享，在距离杭州 40 多公里处有一个叫青山村的地方，有一群年轻人在那里创业。

先分两个部分介绍我所在的机构，首先总体介绍机构的业务构成，其次介绍在杭州的业务。机构全称为大自然保护协会。它成立于 1951 年，是一个成立时间较长的组织。简单来说，它是一个致力于自然保护的国际性公益组织。在全球范围内有多个国家设有保护项目或者办公室，有超过 100 万的会员捐赠者和支持者，组织规模庞大，全职员工有 4000 多人。机构战略主要有 5 个方向，分别是淡水保护、陆地生态保护、生物多样性保护、海洋气候变化及城市发展。

首先是保护地方向，保护地项目主要是保护生物多样性以及多样性所依赖的关键的陆地和水域。但机构首个项目不是最大的项目，最大的项目在内蒙古，与蒙牛集团合作。项目在内蒙古的和林格尔县，我们在 5 年间修复了数万公顷的草场和森林，有机会大家可以去看看为什么要这么做。因为过度放牧让很多草原逐渐沙漠化，因此项目的初衷便是去做修复，现在效果正慢慢呈现，已经能看到“风吹草低见牛羊”这种和谐、美丽的景象。

国宝大熊猫的家乡在四川，现实中我们所见到的国宝，它并不知道自己身在何处。四川有很多大熊猫保护区，例如大家有所耳闻的卧龙保护区。但是大熊猫自身是有可能走出保护区的，因为它并不知道保护区的边界在哪里。因此我们发现一些区域，大熊猫的出现及活动很多，但并非在保护区范围内，于是我们便创建了一些民间保护区。目前在四川绵阳和乐山有两个民间大熊猫保护区，是我们运营和投资的。现在每个保护区里生活了十几只大熊猫。1998 年的云南是我们最先开始开展项目的地方。1998 年到云南就做一件事，就是推动当地政府成立国家公园。2003 年，在大家的努力下，普达措国家公园成立了。城市里的群体主要是人类，我在城市里面发现有很多小动物和小昆虫，所以目前在上海青浦和长宁等地区改造了一些公共绿地，相信杭州有很多这样的绿地可供改造，改造之后就可变成一些小动物的栖息地。

我们针对气候变化召开各类座谈会，探讨如何在植被比较稀少的地方种树。例如在云南和内蒙古，不是种完树就结束了，种完树后还会测量它的碳汇。碳汇是可以放在北京环交所进行交易的，主要的购买群体就是诸多发达国家的企业，这是《京都议定书》所规定的。它需要去购买碳汇来抵消它的碳排放，例如我们的第一大客户就是迪斯尼。上海、香港在建造迪斯尼乐园时，会计算它的碳排量，如此一来我们便可与它进行交易碳汇，还有类似于诺华制药的企业都是我们的客户。

淡水保护方向主要是保护水源和健康河流，去年与长江三峡集团签订战略合作协议，在全球各种水电项目中帮助设计各种能减轻环境污染的项目，从而保护水源。之后将以杭州项目为例为大家做简要介绍。

再谈谈海洋气候变化，通常说海洋看起来是一个非常好的地方。蓝色代表生命，但中国也面临着很现实的海洋危机。例如珊瑚礁、牡蛎礁、红树林，它们是可以帮助城市抵御台风或海啸的。但是很多地方的珊瑚都被破坏，这点着实可惜。所以机构也在中国开始了探索海洋的基础设施的修复项目。项目主要在两个地方，即香港和台州。在浙江台州保护牡蛎礁，牡蛎便是我们吃的生蚝，生蚝的味道着实鲜美，因为它在生长期吸收了大量营养物质，所以有净化水源的作用。比如香港的一种熊本牡蛎，一天可以净化大概 600 升海水。在城市方面，我们的项目在深圳。南方地区很多的城市短时间强降雨就会形成洪涝。在深圳罗湖区内有个城中村，对于这些城中村，我们改造它的屋顶，将其变成屋顶花园。水源保护项目的初心是为了做水源保护，乡村的小水滴就是供给农村人口的一些水源地。在浙江省有 2 万多个，全省 44% 的人口都依赖于这些小水滴，但若将当地的饮用水与饮用水质标准去进行对比，只有约10%是合格的，这个合格率有待提高。合格率不高的主要原因是种植业中的农药、化肥及除草剂等化学品的不合理使用。我们工作区域大部分在农村地区，农村面临一些社会治理问题，所以这次我们公益论坛的主题是社会治理，相信这些社会问题若不被解决，环境问题也不能够被改善。水污染、垃圾处理以及人口老龄化问题也同样如此。

此前走过浙江很多乡村，不少村子濒临消失，这是一个不可逆的过程。所以我们在2015年开始了一个探索，合作伙伴包括阿里基金会、万向信托，我们计划依托阿里平台开展诸多项目。这个基金是一个信托，一个开放的金融平台，像公益组织可以做有关公益的事，商业组织也可以做有关商业的事，最终希望达到促进公益事业发展壮大的目的。

另外，基金还有一个特别的作用就是去流转水源地里面的土地，因为水源地上很大一部分种植了竹笋，这是杭州人特别喜欢吃的一种菜。但种竹笋就意味着要使用化肥和除草剂，会导致水源污染。从2015年11月开始，我们与43个竹林大户签署了水源地、林地使用权流转合同，托管了500多亩林地，在其中的100亩上修复植被，效果较为理想，所有化学品使用影响都被消除了。

在2016年时，我们与阿里基金会达成共识，去做一些公众参与的事情，项目便落地在阿里巴巴公众教育基地。当时的情况是租用农户的房子，把它改造成办公点。在阿里巴巴提出公益三小时项目时，大量志愿者前往提供服务，会给农户改造一些菜园。我们设计一些简单可行的培训内容，能够利用一上午的时间让参训者学习到知识，下午就可以给农户提供服务。

除此之外，那里环境很好，具有丰富的自然资源，因此我们便依托当地的自然资源开展很多语言学的课程。起初，只是简单地设计了一些项目，包括竹林防火、砍掉枯死的树木以及做植物染色。很多阿里巴巴的同事，去千岛湖的两天，住在一个酒店里开会，团建对他们来说是放松、休息的过程，因此我们就想设计一些团建活动，让大家能够既轻松愉快，又提高认识，有所收获。

很多学校与我们合作开发一些植物标本和较简单的检测水质的课程，带杭州地区的孩子去我们的项目地参观学习，有很多的志愿者提供服务。我们在当地改造了一所小学，小学在20年前已经废弃。后来我们既未用砖头也没用钢筋，只是单纯利用土壤。夯土是一种比较传统的建筑材料，所以我们用夯土改造了学校。

欢迎大家报名参与我们的夏令营担任志愿者老师，每个人可以认领1—2天的课程。大概有200个孩子报名，在当地没有酒店、饭馆，我们便发动周围大概70多户村民，由他们提供住宿、饮食。我们的项目为他们带来了一些直观的经济收入，因此有很多农户选择加入我们。还有很多村民志愿者以及每年 1 万多的访客，整个村子每年的访客量呈现持续上升的趋势。

今年我们也改造好了不少自然学校，改造后的学校特别漂亮。这些建筑没有用任何现代建筑的材料。开幕时，阿里基金会予以授牌，现在商业体系有 4 个部分，一个是文创产品、农产品，还有自然主题的团建、研学、自然教育。今年也开始尝试进行一些体育赛事以及亲近自然的活动。我们也跨界进行了一些合作，比如在电影《卧虎藏龙》里面配乐的一位女音乐家，她给我们作了一首乐曲叫《若水》，来描述该保护项目。同时她也带着乐曲去参加了国外很多会议，帮我们推广。这种跨界能让公众更好地了解到底什么是自然保护。

今年在当地，我们也有了一个合作伙伴，有朋友投资了一个六善酒店，它是洲际旗下最高端的一个品牌，在 2021 年时会建好。该酒店会给当地的年轻人在返乡时创造一定的条件，同时推动当地经济增长。今年一共举办 4 次亲近自然的活动，让大家去亲近大自然，去游泳，去山上越野，为什么做这些事？人最快乐的时候其实是像猴子一样在大自然中疯狂玩耍的时候。我们与政府共同打造了三个主题，集中于一个村落，内含自然保护、环境教育、传统文创、手工艺，还有生态、旅游、度假等。与政府合作这个模式，便是公益组织作为一个社会力量，引入资源，提出新点子。政府出台一些政策，共同打造生态村落。

今年市委领导前往机构视察，提出我们可以在这里打造乡村，探索未来的乡村。我们当地有很多项目开始落地，项目内很多年轻人共同组成了一个组织——教育青山同新会。同新会也得到了当地有关部门的关注。

我们最重要的事就是参与基层治理，即建立民主协商制度，该制度每年至少开两次会议，参会对象就是新村民以及余杭的区政府、镇政府。我们现场会提出很多新村民关注的问题，政府后面会一一予以解决；政府也可以向我们提要求，我们会帮助他们做一些事，这样变成了一个基层互动，民主协商，促进社会治理的事情。今年 6 月 5 日联合国世界环境日的主场在杭州，中国的国家和环境合作委员会的会议地址也在杭州，我们这个村落有幸成为当时《新闻联播》做浙江乡村整治的一个典型被报道。

在几年前，由于村民种植毛竹、施用化肥，造成青山村的饮用水源水体氮磷污染超标。2015 年大自然保护协会将水库作为全国第一个小水源地保护试点地，创建了国内首个水基金信托单位。水基金 1 号以公私运营的方式对其加以保护，村里 30 多名村民都签下了信托合同，将家里位于惠水的竹林流转给基金信托单位管理，这部分的收益也随之增加。每三个月，浙江省监测中心都会协助进行水质调查。经过治理，目前整个水库的水已达一类水质标准，也是整个项目里面成效最好的。

在大自然保护协会的带动下，青山村开始了探索。利用旧礼堂改造的图书馆每年会举办主题展览，邀请世界各地设计师来到青山村进行创作，2016年，青山村水源地正式成为公众自然教育基地，一座从设计到内容都融入了环保理念的青山自然学校应运而生。无论是自然学校，还是接待游客的民宿、农家乐，都会拿出部分收益返还给善水基金，用于保护水源，助力实现生态保护与经济发展协同并进的局面。

公益研学·助推社会治理分论坛总结

“绿色浙江”的董舒代表组在分会场发言探讨的是公益研学助推社会治理。当前研学对各所学校来说已成为重点关注的话题，很多学校的学生在接下来这几年可能都要走出教室走向社会，去进行更深入的学习。在这个过程中可做的事情有很多，我们这组一共4位分享嘉宾，其实每个人都从不同的角度探索了研学公益如何助推教育。

“绿色浙江”现在围绕联合国可持续发展目标，把一个更大的概念带入研究过程，带到教育中。我们采取了几种方法，让学生们能够真正理解可持续发展的实践，在这一过程中进行了几件事情：跟乡镇、村共同打造可持续发展基地，目前已在天目山镇、万市镇打造；另外，我们正在编写可持续发展的一个研学手册，总结科学发展的经验。围绕本科学发展的17个大目标，用更具体的课程让更多的学校和公益机构能够对照这个课程开展活动。

第二个分享的是蚂蚁力量公益组织委的儿童义工团的北京部负责人马东老师。他以蚂蚁公益的理念，提出从小凝聚的必要性。蚂蚁做的很多事情，包括光盘行动、垃圾分类，组织“一杯姜茶”，让很多业主给深夜依然奋战在各条战线上的人送上姜茶。其中特别让人感动的一点是让孩子们进行一个实践行动：要孩子们递烟点烟，孩子们拿着烟上街分给路上的人们甚至是吸烟的人，请他们帮自己点烟。我们会发现很多人在这个过程中会反复劝告孩子们不要吸烟，但同时他们自己手上也拿着烟，可能出于不好意思，就一起把自己手上的烟给掐灭了。这其实是一个非常好的点子，从儿童角度出发去影响和改变成年人的坏习惯，迎来了新的教育形式，相信孩子们在这一过程中也学到了很多知识和道理。

第三个分享的是大自然保护协会。大自然保护协会是全球最大的非营利组织，重点是环境保护。甘藏保护协会主要针对森林保护、水源保护开展各种各样的公益活动。在大自然保护协会参加研学过程中，他们已形成助推公益的一股重要力量。因为他们在当地做的事情既保护当地水源环境，又在减少污染的过程中给当地农民创收。此项工作难度很大，需要很多人共同投入。要开发、设计工艺，这些人一起帮助一些人，因此形成全国各地的普遍性做法。它对学生研学是非常有帮助的，是在切实地开展工作。

最后分享的是来自浙江省青螺公益服务中心的邓飞老师。他在富阳打造的花开岭是公益田园综合体项目。花开岭针对的不仅是青年人，还有社会组织。他希望社会组织能够共同聚集联合起来，发挥各自力量，开展更多有意义的事情来助推教育。在这一过程中，邓飞老师同时发布了浙江省公益研学地图，希望有更多的公益组织能够加入，最终形成一股力量，使教育再往前迈进一步。

‖ 主题发言 ‖

社会组织参与社会治理的途径

◎浙江大学公共管理学院　苗青

尊敬的各位来宾：

大家好！

党的十九届四中全会有一个决定，本次演讲我将以这一顶层设计为开端，再结合自身感受进行深入探讨，以便将后续建议更好地落实。

众所周知，“社会治理现代化”这一概念已被提出，首先让我们着重关注下部分关键段落：“构建基层社会治理的新局面和新格局。”要发挥社会组织的作用，则需健全社区管理的服务机制。

若将其转化为口语化的表达方式即为：

“当你今天回家后，先生问今天干什么去了？”

“我去参与社会治理了。”

“目前状况如何？”

“已迈向现代化。”

这样说则较为应景。

同时，还需实现政府治理、社会调节及居民自治三方的良性互动。其中，居民自治这一环节相对薄弱，目前这部分主要体现在管理自己，但并非治理自己。如何针对这一状况做出相应调整，则需大家调动相应资源，争取充分的资源下沉到基层。很多朋友想要开展项目却受困于无资金支持，相信看到这句话后，你会对此有所改观，今后资金会愈发充裕。若出现这些资金还不够运转的情况时，则需要去募集更为多元化的投资，为创新公共服务提供新思路，鼓励和支持社会力量从事公益事业。

在座各位都是行业翘楚，今后还会有更多的人加入这个队伍。若要获得实质性的政策支持则需通过改革，让改革发展的成果更为公平地惠及全体人民，这是我们的目标。同时要在城乡社区治理、基层公共事务和公益事业中，广泛实行群众的自我管理。

目前，群众的自我管理能力有待提高，高新技术能力较为薄弱，基层公共事务要善于汲取群众意见，完善公众参与机制，实现共同决策。

在本次全会中，我之所以将以上关键点罗列与大家分享，是希望它能尽量全面地渗入我们的周遭，例如在给政府呈现的报告中必须要体现，在自己内部的分享中要体现，在你茶余饭后经常使用的话语中也要体现。

在本次品质公益活动中，如何做有品质的公益是关键。近年来对此开展了诸多评选，其中包括浙江省慈善奖、中华慈善奖等，但有品质的屈指可数。从我自身经历出发，首先，公益项目必须包含新概念与新内容，若此前他人开展过类似项目，那么在进行第二次时则应注入新的内容。我们的受众人群是固定的，但如何帮助他们的方式是多元的。其次是趣味性，如果公益项目缺乏趣味性，就难以感染别人，连自身似乎都会觉得枯燥乏味。全世界的冰桶挑战赛想必大家都有所耳闻，它就是一个集新颖性、参与性和趣味性为一体的典型示范。一项人人都能参与的公益项目，至少要在三个维度比以往更具突破性。在座来宾多为公益领域的达人，已经开展过许多优秀的项目，若要再上一个台阶，则需推陈出新，在此前的三个基础上进行重新构思，以期在即将到来的 2020 年有更大的突破。

公益项目若只有新颖性还不够，能切实解决问题才是硬道理。所以第一要素是它本身要具备传播性，便于他人模仿传递，这样公益的价值就能发挥出 1+1 ＞ 2 的作用；如果公益项目仅仅是有限的人员参与，不扩大范围，就无法实现其公益价值。

第二要素是倡导性，此处的倡导是指政策成果，也就是公益项目后政府决策者发觉这类特殊人群还未被关注，但公益界的人士已提供帮助，且其做法具有可供参考的借鉴价值。我曾看到一个公益建筑项目的介绍，政府认为他们可以做得更好，因此现在每个孩子的午餐就不需要我们去筹款，而是政府直接拨款，这就是政策的参考性。浙江省开展的低保儿童关心关爱焕新计划具有政府创造性，政府开始关注这个问题，便是公益的力量所在。若仅是在原有的范围内进行活动，或单纯地发动社区居民是远远不够的，需要的是推动政策创新，让政府决策者意识到事件应全覆盖并由政府直接干预，如此一来才称得上将公益力量发挥到极致。所以公益项目要具备一定的倡导性。

第三要素是持续性，是指此项目现在可开展，未来仍可继续。很多伙伴说在寻找一个能做一辈子的项目，这便是持续性。一辈子并非代表价值一辈子，而是团队成员都可以持续下去；包括以此来承担自己的生活开支。这里便引出公益的一个现实问题——如何通过项目推进来保证自己的生活开支。大家或许认为这个概念有些难以操作。接下来给大家分享一些图片与案例。

美国有个公益项目控管计划，旨在为穷苦人群筹款，帮助每个社区中的贫穷家庭。项目设计者对它的陈述如下：我们在社区里发动一个周末排队，给大家看一些照片。具体是在一个礼堂里摆好圆台，与我们中国的聚餐形式类似，再邀请一个王牌主持人，所谓王牌主持人就是社区的积极分子之一。大家穿着各种颜色的衣服，围坐在一起交流，交流话题主要是我们如何帮助他们。每人花10元购得一张门票再带一盘菜，大家共同分享。活动还有一个义卖环节。现场会安排手工艺术家制作陶艺，用20元购买陶艺代表“空意”，表示这个碗是空的，更代表有人还在挨饿，虽然此刻你是饱腹的状态，但你能意识到被带回去的是个空碗，它的引申寓意是：节约粮食。当你看到这只空碗就会联想到此刻仍旧有人食不果腹，同时还能借此教育子女要节约粮食，有利于塑造下一代正确的价值观。以上即一个源于社区的歌舞表演会，大家一起分享社区成果的典型案例。

因此，做品质公益，如何从真正意义上破解筹款困局是值得我们思考的。在社会自治的同时进行爱心募款，为我们或周边的社区抑或是远在非洲的儿童们募款筹资的目的是一致的，都是希望善款能帮助到他们。如果你是个热心人，发动亲友行善是捐赠行为，代表捐赠劳动力，这是个人行为并非项目，但能吸纳更多的人筹款是公益项目的重要标志。

其中包含三个标志。第一是公益项目由企业赞助，即必须说服企业出资赞助公益项目。第二是要具备名人效应，相处时间长了，大家都知道此人不擅长卡拉OK高音部分，则需请当地的名人名家进行表演。加上名人效应所具备的号召力，相信群众的响应程度应该会很高，但以公益性质为背景的演出，名人出场费通常是免去的，而群众对名人的此番做法也是广泛赞誉的。这类活动在美洲早已风靡各个社区，具备很强的可复制性及广泛的意义。

有同人发出疑问：“老师，我也想做有品质的公益项目，该怎么做？”首先，你是否具有开展的条件，很重要的一点是资源有限，没有公益组织认为资源无限，就连邱哲都认同这一点。其次，人手、能力有限，缺乏理论知识。最后，时间有限，没有时间策划新颖的项目。相信公益界的朋友都会面临以上问题，但我们要有创新精神。在此与大家着重分享社会如何协同治理，筹款该如何操作。

若选择控管计划筹款，则是有顺序的。也是今天一个重要观点：做公益项目必须依照顺序。所以公益筹款的第一要素是吸引注意力，即吸引社区所有居民以及公众的注意。依靠什么吸引？靠名人名家吸引。所在社区是否有表演家？肯定有。有数据显示，每100人中有8人会表演。社区有没有10000人，有没有1000人，有没有100人。100人中有8人会表演，就邀请他们上台。不过万事开头总是会存在一定难度，第1位需要找艺术成就高的名人，确认之后再去与第2位进行交涉则会相对轻松些，后续则会变得顺理成章起来。此外，可以将目光聚焦于书法家，因为他们的墨宝极具价值，可以用于义卖。向他表明身份——我们是做公益慈善事业的，你只能得到一瓶牛奶，没有酬金，但这幅字画将会被捐赠，由企业家来拍走。属于科学家一类，研究社会科学，

需要一名院士进行学术支持，向你传播最近的科学进展是什么，基本原则是什么，国际前沿理论是什么。可能每1000人里仅有3人是找得到的，如果实属困难，你联络我，我请苗老师帮忙介绍一位浙大科学家，你们负责专家的食宿，此事便就此落实。其他类别的“家”都可以，浙江有很多名人名家、工匠人才，这些都应成为你吸引公众注意力的重要资源。很多人感觉自己不好意思谈，做公益不用遮掩，就是需要高调一些，广而告之，号召尽可能多的人加入你的队伍。至于如何谈，我已帮您构思完备——请您多支持，用您的影响力来感染大家。因为他有影响力，用他的“力”影响别人怎么样？若对方起初未听懂，建议复述一遍，他肯定能明白。所以每次见到这位科学家，我就说要借用“您”的影响力去影响别人。这样你就可以直截了当地告诉他你是做公益的，想借他的时间一起开展公益，相信他会答应的，如此一来你便也不会不好意思了。据此，协同治理的第一个环节就对应得到解决了。

第二个关键点是找“宝马”。以吸引赞助商为目的，还应邀请商业人员。若所在社区有星巴克，可以尝试到门店找店长聊聊，介绍所要开展的公益项目，帮助某个弱势群体的家庭，能不能……他瞬间就明白了。若在你面前摊开双手表示缺乏资金，可以锁定货架上的咖啡，表示送点咖啡也可以；若被对方再次否定，则可继续说打折券也未尝不可，若对方仍旧不为所动，你可进一步说明你们提前打印好打折券，门店负责发送即可。拉善款无论面对何种类型企业，哪怕是一间理发店，都需告知对方你是开展公益项目的，了解对方是否有协助一起打造社会治理协同格局的意向。

当企业询问你所需求的资金量时，建议大家可以用“大于等于一块钱来表达”，而非直接说“一块钱”。设想一家企业怎会只出资一块钱？对方会继续问你们平日数额大致为多少，你就告知1000，2000和3000，上不封顶。此时想必对方会说没营业额，这时你便可表示只要大于一块钱即可，第一次交个朋友。对方或许会被这句话触动，至于后续如何洽谈，将来还有话术与大家分享。其次，若对方着实不乐意直接捐款，则提供物资实物如一袋米、一桶油均可，但需有新的产品，否则将无法义卖，一件起步即可。再者可提供打折券。

最后，要与志愿者形成良好互动，与他们交朋友，切勿认为作为组织者与发起人的自己很厉害。企业的员工训练有素，因为他们有绩效考核，所以规范。因此，在向企业募集资金时，企业谈到既没钱也没物更没打折券，你可以询问对方双休日借用20名员工是否可行。若对方应允，相信这部分员工应该有较强的纪律性，可将他们充分统筹规划，完工后告知老板，虽无报酬，但这些员工今后的工作积极性将有所提高。因为他们已学会感恩，你还发放薪酬，于是员工会怎样？他们会更加积极工作。实验表明，做公益的人再返回去工作，他攻坚克难的精神境界和力量会异于其他员工。有人说开不了口，你第一句话就说“还请您多支持，您的慷慨大方终究会得到市场的回馈”。盈利企业的需求是扩张社会影响力，但当前最重要的是能有高的复购率和市场价值，有更多可持续性的经济收入。所以当你告知参与募捐企业，慷慨支持可获得所有参加者的认同，因为活动其中一个环节是捐赠20杯咖啡，同时邀请你上台参与捐赠仪式，在宣传的同时会提升企业知名度。如此一来，相信对方参与的意愿将会大幅提升，因为这能得到社会的认可和支持，从而达到吸引顾客目光的最终目的。企业提供打折券，我们协助推广，久而久之企业会发现这有利于扩大其市场影响力。

社会的协同治理，若单单是名人名家和商界精英则是远远不够的，截至目前所做的一切似乎都并非合法，必须邀请有关部门进行认证，这点不可省略。因此，任何工作都要兼顾诸多幕后流程。首先，杭州哪里可以开展活动，哪里可以容纳项目，这些均需联系社区、街道，以及得到民政部门的认可。有空间场地的同时还需有水电。其次，若需求职就要找志愿服务中心，它可提供全方位的平台支持，将颁发一本志愿服务证书给所有参与者，每位成年人都需在App上打卡和记录时长，每位小朋友也要发，如此一来他们在学校就会有荣誉感。以上工作流程都需要志愿者服务中心来完成，他们的公章至关重要。再次，还有基金会。基金会数量繁多，要找按照正规流程开展工作的，即工作人员携带专业的红色箱子，以保证它是合理合法合规的。最后，要找传媒机构。若缺乏电视、广播等传媒宣传渠道，则无法扩大影响范围。当然，现在传媒呈多元化趋势，也可以利用抖音等较为热门的社交媒体进行传播。基金会需开展多场活动，他们需要你提供人员、照片等，但志愿服务中心人数有限，这便需要大家互帮互助。当荣誉属于集体时，人们的参与意愿就会随之提升，这便是社区空间。现在社区工作人员事务繁忙，每天有填不完的表格、接不完的来电。他们的工作侧重于社会治理，但无充裕时间。因此，你需告知他们该项目也可放到社区平台上去参加各种奖项的竞选。大家需明白：今天所做的一切都离不开社会各界的支持。

最后一个也是尤为重要的：中心见证人。若希望影响力更广泛，可邀请相关领导参与。协同治理的思路现已厘清，要完成共建共治共享的社会治理格局具体应如何开展？简言之，即大家合力贡献。如起初要带头捐款，则须联络部分商家提前协商好。说到准备拍卖，率先举手的表示听得最认真，是第一个还是第二个，时间要合理安排，所以若无大量的幕后工作，连举牌工作都做不起来。这张理发券是理发店老板慷慨捐赠的，邀请他上台发言，相信他会情绪很高，意识到参加的目的就是做公益，此刻终于实现梦想。借此契机乘胜追击，此后我们辖区内70岁以上的老人均免费理发，想必对方定会应允。再赠予一面锦旗给店家，店里生意随之越来越好，因为这个年纪的人会跟他们孩子说，理发就去物美价廉、服务态度好的店里，如此便形成一个正向循环。

第三个概念，鸣则名，成为大家的榜样，所以要让其发挥表率的作用。开展公益活动一定能知晓所在社区里已有的名人。迫不得已的情况下，与社区沟通查找通讯录；或走访每家每户也可了解其是否为名人之家。以上四要素缺一不可，它们共同协作形成一股力量。民众似乎有审美疲劳，邀其参与，对方觉得没有意思；让其投入，对方觉得无趣，总是缺乏热情和积极性。何以至此？因为缺乏新颖的内容。民众一旦有了热情，社会治理问题便迎刃而解。

好比被广泛谈论的浙江绍兴枫桥经验。它的社会治理可取之处在哪？就是居民自治，矛盾不上交，集体解决，化解危机。前提是什么呢？民众有一个群，大家管大家事，长此以往，基层社会治理的现代化或许就能实现了。所以你告诉先生说，我在做的事就是实现现代化社区治理及现代社会治理的现代化公益事业，现代化的关键就在于大家共同参与。

志愿服务在大型赛会中的重要性

◎广州志愿者学院（广州市团校）资深讲师 / 国家社工师助理研究员

中国青年志愿者赛会服务专家委员会成员　邵振刚

在座来自全国各地的志愿者、公益界朋友们，大家好！非常荣幸前来杭州参加此次充满温暖气息的第五届全国品质公益峰会。

本人在广州志愿者学院从事志愿者的培训研究工作，业余时间兼职省志愿者联合会的督导。每一年的广东省医疗计划评审都有幸参与，包括去年四川德阳的全国志愿者交流会。同时作为预告，欢迎大家明年前往东莞参加全国志愿者交流会。我也参与社工和志愿者的双工联动工作，在今天会议名单上看到有很多来自社工机构和草根组织的同人，包括刚才建德的会长，还有知名自强不息的励志模范等。社会组织类型很多，今天在座的各位主要是公益慈善类别，我便从这一角度与大家做简单分享，主要是以下方面。

若要参与慈善公益类的培训，其路径是怎样的，以及我本人关于志愿者服务在大型活动中不足之处的一点心得体会。在此先向大家介绍一下，因为九年前我任职于广州亚运亚残运会组委会志愿者培训研究办公室，在大型赛会特别是广州亚运会中的参与程度相对较深，同时也与杭州同人始终维持着联系，所以本人非常乐意助力2022年杭州亚运会，包括亚运产业的相关工作。

目前，不仅在广州、杭州等城市，国内其他城市也都有各种大型会议和活动在举行。改革开放前，大型活动基本均为政府包办，体育局独家主管。但随着经济发展和社会服务进程加快，加之民众参与度不断提升，如今大部分大型活动不仅有主管单位，还有诸多支持单位、参与单位及协调单位。奥运会、亚运会等赛事，除市场开放外，其运行服务还需大量社会组织及企业参与，其中志愿服务在此过程中担任相当重要的角色，也是社会发展的重要保障之一。

再者是社会参与，具体指社会组织的社会参与和社会治理。从该角度细化，社会组织如何更好地参与大型赛事。现在各地都处于“创卫”阶段，例如广东许多城市面临迎检复检，各地区也都有开展文创，大家也都很熟悉。通过大型赛会及时展现了创建卫生城市的面貌，包括社会治理的基础和我们集结的社会力量。在此过程中，我们主要看到了社会的多元化需求，很多民众愿意参与大型赛会奉献自己的爱心，平日他们则在社区、服务机构及福利机构等地帮助特定的服务对象，它们同样愿意参与大型活动与更多伙伴合作交流，还有构建自身传媒体系、资源体系及传播渠道等。

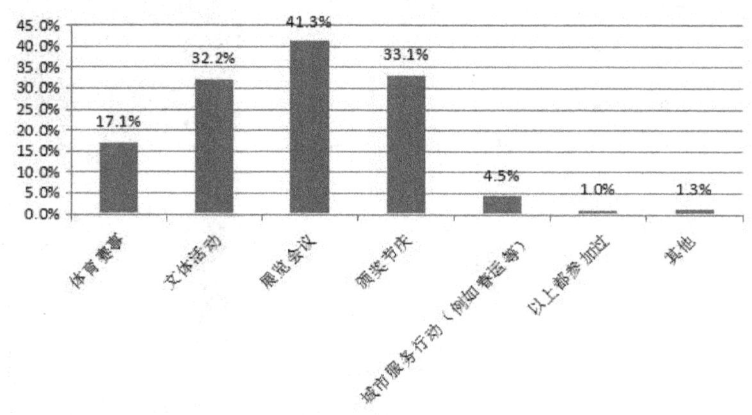

同时，大型赛会有最直接的资源优势，包括人力、财力及物力，方法、用语都囊括其中。此处的就业规模，前提背景是社会组织有专职人员，当然包括我们工业行业的就业岗位。最后是针对高校学生和中小学生群体。学生们通过参与大型赛会，走出校园，拓宽视野，丰富社会实践。因为我自身喜爱跑步，喜欢到各地参与马拉松活动，所以发现在中国，大型赛会主力的服务群体是高校学生。他们走出校门接触社会、服务他人，是很好的一支组织化力量。因此，每次当我参与马拉松活动时，会格外关注，询问他们来自哪所高校，了解参与大型赛会志愿者服务对他们的帮助情况。综上所述，公益实战类的社会组织参与社会治理的功能很重要。

大型赛会属于大型活动的一类。“大型活动”一词在资源服务条例和社会组织管理条例中均无体现。如果将大型活动细分，则主要包括体育赛事、展览会及颁奖类会议这三大类，当然也包括春运这一模块。其中，民众参与频率较高的是会议展览、文体等方面的活动。在抽样调查的 800 多个样板品牌中发现，最受欢迎的是提升个人综合素质的活动。其实社会组织特别是慈善类社会组织，均是希望通过大型赛会的参与获得自身能力的提升和个人发展方面的收获，这与我们提倡的玫瑰属于勇者的概念相一致，因此在大型赛会中也很重视这一点。

接下来，重点与大家分享我们首个实施的路径。第一个阶段式的参与，是在赛会前、中、后期。一直以来，志愿者服务都是以民间社会组织的方式在前期阶段参与其中。大型赛会，佛山地区对此的定义是100人以上的参与人数或规格相对较高的国际级赛会，该类大型活动的志愿者培训要求极其严格。但关于志愿者的培训，政府不可能实现全方位全覆盖，因此需开展各项二级培训，此时社会组织的介入就是最佳时机。因为接受组委会培训后，志愿者可再次结合自身专业课程参与大型赛会，这是对专业的完善和补充。

第二个督导管理，“督导”这一概念是由社会工作发展而来的，所以社工机构的同人较为了解。4年前，我们在广东省志愿者联合会成立了督导团，由12位食品领域专家组成，我有幸成为其中一员。目前广东志愿服务督导虽未实现全覆盖，但已颇具规模。从最初由香港社工督导从珠三角往返逐渐发展到现阶段志愿服务督导，更多的是由本土产生，它不仅仅是上级检查的概念，更是一种陪伴者支持的力量。

第三个资源的参与，可利用各种资源，线上线下参与。考量一个组织是否优秀基本从三方面着手：是否有规范队伍的内部治理和一定规模的志愿者数量；是否有服务阵地，此处不仅是指办公室，而是可以持续常态开展服务的辖区；是否有好的项目，项目是服务行动的，公益精神、资源只有通过好的项目才能显示出来。若想跻身优秀组织的行列，以上三个条件缺一不可。

我们在参与大型活动过程中建立了一批阵地，组建了自己的项目队伍，这是累积的资源，也是资源性地参与。大型活动中，志愿者不仅仅是代表公益志愿服务，它在整个赛会的各个部门中还兼具协调作用。志愿服务部门只是其中一个部门，赛会服务并不只有志愿者，还有专职工作人员。在运行过程中自身也需参与其中，因此刚才提到自己的队伍、阵地及项目其实均有交集。在整个理念中，怎样合力将人、阵地与项目聚集起来，并围绕项目核心去发展是不可或缺的。这是对一个社会组织，尤其是对公益慈善类社会组织更为重要的一项考量。

大型赛会中，志愿者现在还仅是一个服务的领域，该领域相对较窄且缺乏专业性。纵然是高校学生群体，可能其所学专业与赛会也并非吻合。若专业相匹配，在这个过程中参与的角度也可能不同，毕竟大型赛会是存在时间局限性的，不可能长期开展，即持续性不够。

大型活动的服务频率也存有差异，因为本身既有经济发展与社会服务的差异，同时有一定的时间局限性，因此当社会组织参与其中会有一种不平衡性存在，这也是不可避免的，因此开展公益服务的常态化尤为重要。很多地方的大型社会活动只是在闲暇时间找人参与，平日几乎没有准备。去年中国台湾台中市体育协会发出一则公告，针对大型赛会服务任务的义工开展专项培训，而并非针对某项具体活动，包括各种活动的常态化培训，此后还需去实践参与小规模的赛事服务，最后颁发纪念证书。这一培训不是针对某一次大型活动的突击培训，而是常态化开展。而中国其他地区则缺乏此类常态化的品牌构建。因此信息流通程度相对较低，两者间缺乏对接平台，社会组织参与大赛的途径有限。或许大家如今较为依赖网络交流，但若有此类专门的对接平台或是机制相对会更为完善些。

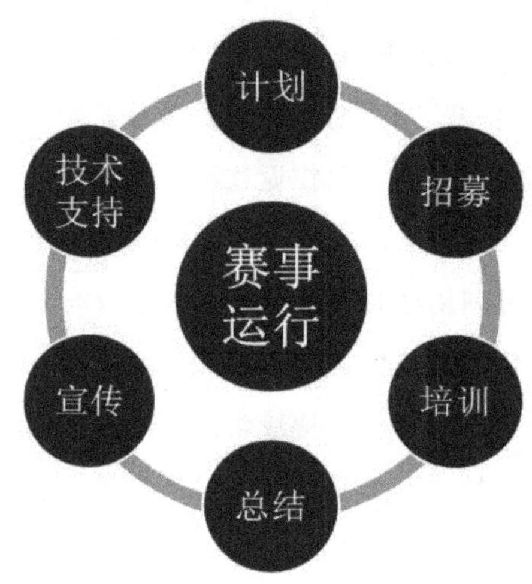

志愿服务最基本的神经末梢是个体志愿者，与所有的公益类社会组织关系最为密切的是参与者、志愿者，他们服务质量高，组织的参与度与奉献的价值体现就较高；反之则体现不出志愿者“光有微笑不可行，还需懂行”的道理。一支志愿者队伍中，领队角色不可或缺，对于大型赛会更是如此。因此社会组织参与大型赛会之中，志愿者领袖发挥了重要作用，其集结了一批志愿者队伍，并代表组织参与到志愿服务中，成为运行服务最有效的好帮手。

最后一方面主要由三点构成：第一，主动参与优于等待参与。志愿服务本身不带任何目的，坚持到最后就成为模范先进。因此社会组织在参与大型赛事过程中，不应单纯注重目的性还要注重参与性，从而通过大型赛会项目品牌提升自身团队的能力。第二，主动的能力很重要。能力主要包括内部管理人员的结构、服务专长，以及在社会上的影响力，尤其是团队志愿者的活跃度。第三，主要针对大型活动主办方和政府部门，即要有参与机制，平时就应有规划和相应机制，杜绝项目的作秀行为出现。

‖ 青年演说家 ‖

青年公益之我见

廿三

大家好我是廿三，从贵阳而来。今天与大家分享的主题是——青年公益之我见。感谢论坛提供这一机会，我最早参与论坛是 2012 年，当时大学刚毕业。2012 年的论坛让我对公益领域的面貌有了真正的认识。公益领域的机构、项目对我产生了莫大的影响，甚至影响了我的人生选择和成长轨迹，所以我珍惜论坛这一平台，同时还要感谢论坛给予我表达的机会。

熟悉我的朋友想必清楚我较为挑剔和苛刻。过去几年，诸多大小会议，我基本都是前往现场演讲和做报告的。现在是在贵阳做服务发展，服务青年高校学生。此刻，不过多地介绍项目的具体情况，也暂不介绍机构本身，主要分享以下若干点考量。

第一点，思考公益价值。在座各位志愿者、医院服务组及社工之所以能齐聚一堂，是因为我们有共同的标签——公益。对于公益政策的理解，暂且不去定义它，但可以比较、对照它。

第一，比较体制。先举个例子，我在去贵州前当了一年支教老师，也是最早在那边的公益支教老师。早期的公益方式主要是捐赠物资以及学习用品，或是帮助学校修建食堂。后来发现只有充足的教师资源才能真正解决当地学生上学难的问题，因此开始招募幼教老师，截至目前已是第 10 个年头了。起初，这部分幼教支教老师的补贴均由滴水公益所筹集，后来由学校买单，后期由当地的政府承担，每年为 7 位数的金额。这便是公益组织相较于企业的优势——能更加灵活个性化地进行尝试和探索。只要公益组织有呼声，政府就愿意为之买单，这是公益组织的优势之一。假设同样是如过去一般自上而下推动，可能就不会出现这种现象；相对于商业，也可以有更加多元化的激励和动员方式。不能一味地模仿和照搬政府或是商业的那一套管理模式、绩效模式、商业的 PPI 及它们的目标，要明确自身价值和优势，这样才能真的有声，才能获得自己的想象力、创造力、执行力和最大的自制力。

第二，扎根本地。大家可以回顾所在组织、机构或所执行的项目，哪些是的确长期坚持去开展的；哪些是今天做一次，明天可能就没有了；哪些今年做，明年仍在继续。只有扎根于本地，撬动当地资源，解决本地事情，这种模式的项目才能持久，才能动员更多的本地人参与。撬动本地资源是一门学问，此时办事员要发挥作用。例如我们外部的人才、距离、技术、理念，大家花费两三天时间来到这，可能学到更多的就是理念。后期执行后，在开展项目时能融入新颖的元素。不知大家是否观察过我们所在区县的商业状态呈现为何样。要么是与百姓息息相关的衣食住行，要么是诸多一线品牌的代理连锁加盟店。在这之中，我们也回到区县的组织，就会有很多去追潮流。目前有人谈及市场化、规模化，大家不要被这些词带偏，我们要发现真正能在本地去做的一些事情。

第二点是我最想表达的方面，以家乡为例，有一个区每年出资1000万购买社会组织服务，但每年专项资金都有余额，为什么会出现这一情况？因为组织数量有限，没有充足的志愿者去承接。一些组织缺人，为什么缺人？缺乏哪类人群？目前是青年群体较少，但十室之邑，必有忠信，青年人没加入进来，并非他们的问题，或许是部分相关组织和志愿者造成的，需要奔波的是团队负责人，因此作为领队应该反思青年人没有参与的原因。因为很多人都会意识到，我们的志愿者或是员工好像并无其他成长方式。要么是拿我比量，他来当负责人；要么自己组建一支队伍；要么原地打转，似乎就无其他途径。因为我们并无提升自己、创造更多可能性的能力，把机会留给我们的志愿者和年轻人，锻炼他们，促其成长。

此外，我们本行业，供应商不计其数，企业负责人着实忙碌，为何事而忙？今天在这里发言，明天去那里讲课……根本的问题可能在于我们的那些组织，要挖掘更多选项和可能性，去关注其他事情，将更多这样的舞台递交到年轻人手中。

最后用一句话总结，就所在区（县）而言，仍旧应不断扩大阵地，挖掘自身价值，明确定位从而发挥优势；同时呼吁更多年轻人加入我们的队伍，共同去憧憬公益事业的未来，谢谢大家！

主持人：谢谢，接下来邀请到的是志愿汇运营专员——黄丹，为我们做公益分享。

青年志愿者发展

黄丹

尊敬的各位老师，亲爱的志愿者伙伴们，大家好！

我是黄丹，一名普通的2019届本科毕业生，所以在座各位大部分都是我的前辈。今天分享的这个故事我想用2个关键词来形容。

第1个关键词是志愿者。自2015年考入武汉大学，我便成为一名志愿者，起初我的动机为何呢？其实就如昨天老师分享的那三个字——我愿意。随后，就开始了大学4年的志愿服务经历，其间参与了大小不等的志愿服务活动。或许每位爱好志愿服务的大学生都嗜好睡觉，不想成为一名支教老师，所以第2个关键词是队员。我是贵州遵义人，碰巧上一位分享的老师也是贵州人。昨天老师也说到，贵州目前发展良好，但也仍旧存在很多需要帮助的地方。报名后，我经历了两次面试、三场培训，最终成为一名支教老师。因为有大学生前来支教，所以附近几个村在读的孩子都需要管理。我们共负责三个年级的课程，当时平均年龄19岁的我们干劲十足。当地的孩子们非常可爱，我们同行走远路时，他们便会在提前约定好的地方等，还会将路边采撷的野花赠予我们。而如此天真烂漫的孩子不得不肩负着比自己身体还要大的竹背篓，每日放学后在山坡放牛；对此我感到十分心酸。随后，为了解更多关于他们的情况我们进行了两次家访，因此在心理上再次受到冲击。

作为贵州人，即便我对可能遇到的情况在事前已有了一定的预期，但还是无法想象当下竟仍有家庭并无厕所，且家中有8个孩子。同行家访的老师甚至把孩子的父亲误认为是爷爷，因为孩子才10岁，父亲却已满头白发。我们震惊不已，可遗憾的是我们能力有限，好像做不了更多的事情。

在校除日常课业外，我还在校志愿者协会担任职务，主要负责筹备大型活动，帮助孵化项目，同热心公益的同学们共同探讨。此刻，我仍清楚记得武汉大学新闻书画的发起原因，据此与大家进行下一段分享。起初由于化学学院的同学们想进行一个社会实践，诸如这水很脏，你们为什么还要喝？孩子们明知不卫生但仍喝了……因此同学们产生了普及水知识的这一设想，以期开展免费的水质监测以及捐赠净水设备和水杯。为更好地服务孩子，他们还联合几位学院本硕博的同学进行研发，节省了计划成本。

在座诸多老师、前辈可能都是公益项目的负责人，来自天南海北，服务对象可能也不尽相同，但每个公益项目发起的初衷都是因为看到了一些需要帮助、需要改变的人或事，而我们愿意成为第一个去改变的人，因此开展了我们的项目，进而我们成了志愿者。在这一点上我们是共通的。

每位志愿者都是极具感染力的，我真切地希望在座所有老师们、前辈们能最大限度地宣传自己，发挥自身影响力，让更多人加入公益行业。当时在临近毕业期间，需要做出一个选择。我仍想继续做公益项目，有句话叫“仰望星空，脚踏实地”。我们的星空可以是真正有很多星星闪烁的星空，也可以是承载每一个人热情理想的地方。在这片星空里可以去做自己想做的，愿意做以及值得做的。所以现在我来到杭州，在志愿汇工作，成为一名“志小汇”。作为微公益行业的新人，未来如何并不清楚，但坚信只要仰望星空，脚踏实地，保持努力，就能获得成长并成就一些有价值的事。让我们一起期待美好未来。谢谢大家！

主持人：谢谢黄丹同学的分享！接下来，有请新公益项目发起人林启北！

筹款的必由之路——消费型公益

林启北

今天想与大家分享的内容是关于我们组织在近几年发展过程中，体会到公益组织非常重要的秘密——筹款。团队于2017年成立，起初目的是吸引更多人加入公益行业。其间我们感受到一个迫切待解决的问题——公益人的薪酬。

组织成立初期，我的使命是提高公益人的收入，让更多人愿意投身于该领域，从事不失体面且有尊严的工作。在做此事时，有一项艰巨的难题需要攻克——筹款。对此，近两年我们也一直在考量，如何筹到款项支付大家的薪酬。2017年投资很有限，我们接洽了很多社会上筹款的爆款项目，想知道他们是如何筹到款项的。通过观察我们发现他们有一个特点，原来有一批在行业内筹款爆款的产品，本身逻辑和项目执行并不尽如人意，但他们抓牢一个重点，即公众的爱心需要消费。注意这个词，在说公益市场化时，往往会有人要批评我，说启北你怎能消费公众的爱心呢？这难道不是欺骗公众吗？其实不然，因为不是我们消费公众爱心，而是今天公众有爱心消费的需求。

现在可关注下这4个项目，不确定是否有人能说出这4个项目到底在讲什么、做什么以及筹划什么。这里每个项目都筹款超过百万，且都是在较短的时间内筹集而成的。印象中最早的是一元捐画，相信在座各位有很多人捐过这个项目，但大家清楚它的背后具体运营的是什么吗？所筹得的款项用于哪里？作为业内人士，我大概知道它好像是帮助残障人士的。在座的各位是否觉得它有欺骗群众的嫌疑呢？靠一幅画来分钱。但捐赠后你知道它的去向吗？不知道。在参与本次会议前，我询问了我的妻子，是否知道那一幅画的去向，她当时研究它干什么呢？她回答记不清了。我问她后悔吗？她说不后悔。所以有关系吗？没有关系。

若这个例子还不能表达清楚，我再分享一则最近的。内容大概是8个小时筹得200万元给2个香港老伯。若你看到某个基金会提供的预算，好的就是一人给100万元。这个项目若从公益的核心逻辑分析，个人观点是存在问题的。但是你知道吗？我妻子又捐了，为什么她一定要跟呢？因为她在用行动表达她的爱心，若没有这样的表达，她会遗憾，无法体现内地群众对香港的关心。包括云南也一样，介绍诸多类似案例，常言道公益组织很大胆，不仅体现在有很多社会问题无人解决，还有在于社会上公众爱心捐赠的需求，对此公益行业没有提供相应的产品来满足。

今年，我至少接到了三家企业超过百万的资金捐赠，为什么都无法消化它们？因为公益行业无法提供社会需求，以及社会所追求的公益产品。前段时间接收到一笔500万元的扶贫捐赠，而此前至少动员了超百人的人脉资源。所有人的扶贫项目几乎停留在10年、20年之前，或许目前在台上活跃的都是老面孔，但遗憾的是，台下的新面孔似乎并未提供新鲜的内容，开展的公益大部分仍是10年、20年前的前辈所执行的。

此外，还有关于动物保护的一笔捐赠，动物保护方面仍旧停留在流浪狗保护的层面，这依然是10年、20年、30年前在开展的工作，新一代的青年人有开拓出新的产业吗？事实是并没有。迫于无奈，我们开展了一些项目。例如与联合利华开展了两个项目后反馈很好，于是旗下好几个品牌纷纷与我们建立合作关系，为什么呢？因为我们开始便对项目进行重新设计，设计的根据是什么？来自本身对公益项目的解读，以及对企业运营理念的理解。为何要理解呢？比方说，企业是有消费价值观的，往往不仅是企业，捐赠人以及公众也都具备，当他们的价值观想要有所呈现时，则需匹配相应的产品给到他们，一拍即合之下，即刻便得到了广泛的公众支持，包括联合利华本身在内。

第2个案例便是企业捐赠100万元给予我们，企业最初的目的大家可以猜测一番。向某基金会捐了100万元，计划建设希望小学，基金会收下款项会产生什么问题？这笔资金无法运转，很多公益组织都在干这个事情，将资金投放于这个方面着实意义不大。随着时代的迭代，不论是扶贫还是其他，我们都需要想明白，这里到底是大众消费公众爱心，还是公众爱心需要被大众消费？因为尺寸稍有掌握不好，就是一把双刃剑。

时下一项热门的项目——旧衣回收。中国95%以上的旧衣贩卖掌握在小商贩的手中，今年3月我着手招募公益组织，打算启动旧衣回收的项目，先是联络到公募基金会，随后对接回收企业，将整个行业链条打通。半年时间，公益组织中有90%以失败告终，我们无法获得公募权，更不能误导公众，因此这个项目只能就此搁置。

当时，联络到国内两家规模最大的回收商，两家公司员工有上百人，如此之大的体量对于我们而言其实作用很有限。因为开展公益项目的伙伴们战斗力较为薄弱，民政部曾出文表示公益组织目的为何？要将商贩赶出去吗？开展公益项目并不比传统的商业简单，需要有强大的行动力。因为商业以盈利为目的，而公益则需要多元化的考量。所以今天在分享完之后，若大家感兴趣，欢迎来共同做进一步深入的探讨。

刚在门口遇见一位江苏的公益伙伴，他说我们指导过很多组织。2017 年和 2018 年在公益领域从事的两年中，其中有一点让我感到难过。有一组数据在此与大家分享，但凡受到政府资助的公益组织，在面对公众筹款时便缺乏能力。2019 年时，我们与一些公益组织就此问题进行探讨。

若仍旧想继续筹款，可以先尝试回答“使命是什么”这一问题，能否将所在组织的机构使命总结成一句话，并且它是能引起我刚才所说持有相同价值观的人的奉献，否则对方不会提供相应资金，以及考量在选择价值观时，是与谁站在一起？

公众不是你的，志愿者不是你的。所以若想开展消费型筹款，有一个前提需明确，即筹款的对象到底是谁。我们经常鼓励公众说，若的确有使命存在，最好能筹集到公众的钱。因为公众的使命诉求是最低的，只要能感受到公益的光芒，多数情况下都会接受你的推荐。不知道志愿者是否有涉猎这部分的方向。我们团队接的项目快，并且资源较多，这是做其他志愿者项目从未出现过的情况，因此一直提倡大家在开展公众筹款时，一定要明确我们的使命是什么，志愿者是谁。紧握这两点尤为必要。当你明白你的捐赠人和顾客时，需要询问他们到底重视什么。当你动员人去开展工作时，最可怕的是有一些所谓的专业化志愿者团队执行的项目太多。想要设计有趣的项目，但为何设计得很慢？因为没有明确捐赠人和资源的需求是什么。

我们经常呼吁大家向消费型思考，希望大家转变思维，从志愿者和捐赠人的角度去思考所执行的公益项目，是否真的有以公共的需求为出发点。我本是做环保出身，为什么认为捡垃圾依然是自己最火的项目？因为捡垃圾是公众最能证明自身的态度，愿意参加到这类活动中的，我们称之为公益的入门资产。有这样入门级的公益产品吸引他们，让公益成为一种生活方式，相信大部分组织很少考虑责任。在此建议若真的有朋友愿意在此行业长期坚持下去，则需抛弃一些东西。有句话是，公益行业的田野调查，去问问捐助者，去问问志愿者，他们的看法是什么。我们会发现理事会应该是重要的资源之一，会为志愿者提供服务，是吗？我所在的团队也出现过一些错误，所以各位应该想一想你们的顾客是谁，你的顾客是什么。但是了解完这两个最为关键的问题后，还是需要明确所在的组织到底想做什么。

每当打开快手、斗鱼的页面，你会发现有很多人在这类直播平台上发视频讲解。包括刚才所分享的 4 个项目，其中有些项目我们很赞赏，它后面有非常翔实的计划，能确保项目所筹得的款项的确符合所面向的顾客的真实需求。而当项目没有这套逻辑闭环时，能否经得起推敲，或者你能否问清楚这里所做的所有事情可否经得起回答？所以今天若你找不到人支持你的项目，筹不到款项，应该是你没有认真思考这个项目。

公益的做法不是等着对方带着资源来相邀，因为市面中有太多资源等着我们去寻找，去采购。

关于消费者公益投放，如果大家有好的公益项目，想要筹款的欢迎添加微信，我们是家庭CEO，并不是一家楼盘组织，但是希望能分享给更多的人。在通过公众筹款来实现公益时，我们是无偿资助型的支持。最后，感谢大家的聆听，谢谢。

主持人：谢谢林老师的分享！接下来我们有请郑静思老师，她参与过很多公益项目的执行，掌声有请。

社会组织提升资源整合链接

郑静思

大家好，我是兰溪市新工作室的秘书长，我叫郑静思，在兰溪这个小城市所有的社会组织中，我是唯一一名全职社工。每次见到其他城市公益圈的伙伴时，他们便会说我们是希望。之所以从事公益行业，是因为我的家庭教育，父母从小就教育我要与人为善，在自己能力范围之内尽可能地去帮助他人。我们现在说的共建、共治以及共享的社会治理新格局当中，社会组织是很重要的主体部分。如何让社会组织在当中能发挥更好的作用，主要还是要提升自身的专业能力。

第1个就是我们坚持公益的使命，链接社会的资源。自2006年开始，我们就陆续开展了诸多社会项目，例如角膜劝捐、给患阿尔茨海默病的老人送黄手环，帮老旧小区加装电梯等。我们的项目均来自社会公众关注的一些内容，我们赢得很多企业、媒体以及医院的资源。2016年发起的关于黄手环的项目，先是通过联系医院，在医院的导医台给民众发放黄手环，同时也在媒体上播放广告，告诉他们怎么定位怎么使用。

第2个就是参与民主协商，链接国家相关资源。我们新闻工作室的理事长，同时也是一名人大代表，他在这两届当中已经提交了超过80件的议案。一方面是通过提交他人建议来推动公共事务的实施，另一方面相对来说会更加主动积极地和有关部门的领导沟通，因为和相关部门直接沟通能使项目更容易落地。

第3个就是履行社会责任，链接国企的资源。现在的国企，尤其是上市公司都会履行社会责任；国企本身并无多余的力量去单独开辟社会组织的事务，因此社会组织就可以通过与企业合作，来协助他们完成任务，由他们提供相对应的资源。所以我们就会涉及诸多与国企相关的项目，比如供电公司的员工来参与一些公益活动，供电公司也会解决一些我们的房租、物业及水电等费用。

最后，想通过一个小的个案来分享我们是如何去链接社会资源的。有一位中国好人，在2016年离世前，通过我们捐献了角膜和遗体。他的母亲60多岁，还有一个小女儿，加上他的医药费和女儿的学费，家里经济条件不容乐观。此外，我们还了解到他家中200多棵杨梅树便是他所有的经济来源。吃过杨梅的都知道，杨梅是一种保鲜期短的水果，在与他进行深入的沟通与了解后，我们最终决定帮助他建一个杨梅干的加工房。授之以鱼不如授之以渔，通过杨梅干加工房协助他从根本上提高经济收入。但事实上建造杨梅干加工房并没有想象中那么简单，并非单纯付出辛劳就能完成。因此我们就联络到诸多相关部门，希望通过他们搭建桥梁，各方形成合力，共同实现杨梅干加工房的完成。除了看到的 10 多个相关的部门外，还有一些爱心企业，他们也是通过我们的故事加入妈妈帮帮团。我们也很清楚他母亲的经济也较为拮据，2018 年在妇女儿童基金会的帮助下，在腾讯 99 公益日发起了筹款。4 个月之后，杨梅干就上市了，这是我们所打造的产品。在这一年当中，妈妈杨梅干被分销到全国 26 个省市自治区，不仅提高了他的经济收入，而且其加工房还获得了“浙江省名特优食品加工房”称号。于是我们和“妈妈”的故事就此被写入中国社会组织蓝皮书。

2008 年，我们的理事长向金华市人大提出相关建议，即让互联网来服务于农产品销售，让丰产和丰收并行。我们通过搭建桥梁，让那些充满爱心的有志之士，有能力去帮助更多有需要的人，让爱心得到更好的传递，谢谢！

主持人：谢谢老师的分享。最后，我们有请浙江省七彩阳光公益基金会理事执行秘书长、中国人民大学管理学硕士刘欢与我们分享。

青年社会创新专业化的发展

刘欢

我的名字叫刘欢，2013 年毕业于中国人民大学公共管理学院，起初在国企工作约一年半的时间。

我们的行业叫公共部门，通过七彩阳光公益基金会加入青年社会创新，以及一些早期社会创新领域，去开展整个社会创新和社会企业的推广和服务工作。今天想要与大家分享的题目是：青年社会创新专业化的发展。

首先是“青年”二字，因为整个社会创新领域，目前我所观察到它最大的中坚力量是青年，其中包括大学生、海归，是数量最多的一个群体。社会创新跟公益之间的关系，包括社会企业跟公益间的关系，在诸多场合都有所论述。依我个人来看，社会创新是有助于改善公益项目和公益组织的，它在长期解决社会问题的有效性和可持续上，提供了一种新的思维方式，即专业化发展，这是今天最重要的一个部分。刚才谈及的很多内容，无论是青年社会组织，还是企业、政府部门，在社会创新时都缺乏专业化的考量。

换言之，“社会创新”一词是一个任人装扮的小姑娘，是一个舶来品。在台州本地和做一些专业化设计时，它完全是空心的。社会学、政治学的学院会把它借鉴过来，认为是它们专业范畴内的，所以它是缺乏内核的。

先分享一个案例，过去几年，在整个领域中我对很多项目进行了咨询，以青年社会创新为例，这一团队就是创新的。

该团队基本可以代表青年社会创新领域的最高水平。他们给我一个项目叫“造型无阻”，联系到我时的第一句话是希望可以通过定制化的导游服务，进行直接收费，进而让视障者可以出门；出门过程当中希望给他们设计一些相对个性化的对话，弥补当前残障领域出游的空白，服务更多的视障人士出游，解决他们的公共娱乐供给问题，从而协助他们进行更好的社会融合。

如果各位也是社会组织的负责人，做公益项目或社会创新项目时，对于这样的表达认为好还是不好？一般来说，很多的从业人员或是创新服务机构，若是再碰到类似项目时，在我看来似乎有社会目标又有措施，甚至提出了一个钱袋可持续性模式和商业模式的设计，并且是通过一个青年团队来呈现的，这应是非常好的社会创新项目。但大学生团队来执行这个项目，是否恰当?

在我看来还远远不够，若按照百分比来说，它可能只完成了60%—70%的专业化社会创新项目的设计过程。当时了解完该项目后，我脑海中立刻浮现了一系列的问题，现场对他们进行发问。

第1个问题，如果视障者不想出行，他还需要出行吗？有进行过这方面的调查或是访谈吗？有开展过入户调查吗？你接触了多少视障者？若他们不想，是否要强制他们出行?

第2个问题，为什么要用出行和旅游的方案作为视障者娱乐的解决方案，而不是其他方式？为什么是出行，而非带他们看电影，抑或是带他们去广场上放松等。

第3个问题，社会融合必然会在你所谓的娱乐化的出行项目中产生吗？若产生，今后的评估方式是怎样的?

第4个问题，对视障者进行直接收费是一个好的商业模式，该商业模式若放在你这个项目当中，你认为是一个好的模式吗？若这并非一项好的商业模式，是否要取消它，那要如何进行评估呢?

最后发现对于第1个问题，他们并未进行大量的调查。第2个问题是因为他们与一些旅游公司合作，所以直接从资源的视角来执行该方案。就事先已有的资源，按照资源来设计措施，将措施反衬到社会问题解决逻辑。第3个社会融合，社会融合是他们臆想的，但方案与社会目标间的距离是很大的，最后商业模式也是不存在的。

我想表达的是大部分类似青年社会创新的项目，均属于早期社会创新项目的一种。还有这4种类型，包括青年社会创新团队的项目化、转型扶持、实体化的转型，还有社会组织的商业化、创新化转型，还有商业创业项目的社会化转型，及其他从开始就自诩为社会创新项目的专业化发展。未来几年，开头的渠道应尽量最大化，12月11日我们与杭州市的国际共创节开展一个套餐的评选，希望将商业领域中已经在执行的社会企业的项目，尽量纳入其中。

青年社会创新是早期社会创新项目的一种，它是最有激情，但又最缺乏专业化的一种。青年社会创新，之所以非常重要，是因为整个社会创新领域会同大量社会议题挂钩。这是社区论坛之前发布的，可以看到图片中比较长的，是一个黏多糖贮积症的患者；这些图片显示的都是青年目前在积极从事的领域。今年已有社会创新融入社会、民生事务中去，这对于他们的未来成长，以及对于整个社会的观察都是极好的。

关于青年社会创新，若要进行专业化的发展，则必须有一个思维进化图。可以看到青年的思维计划可有4个阶段。首先是建立思考，面对一个社会问题，若不具备热忱、热爱及富有同理心，那么在第1个阶段就可以停止了。深思熟虑后，可以先开展微型活动，包括进社区，甚至在学校里摆摊发传单；进山区支教；进而再去开展另一个项目。

项目开始，再去成立一个组织，借鉴进化思维图。但有这样的计划速度仍旧是不够的，这是我们五六年中对于社会创新项目总结提炼而来的一般开发框架，总共分为4组。

第1个就是关于社会问题的界定，这是所有社会创新的基本出发点，在社会问题阶段需要完成大量工作，包括刚才说要进行田野调查，要扩展认知，要认定社会问题分别处于什么层次。现在大量的青年社会创新，只是单纯将社会问题定义在政策问题层次，但社会创新项目会有社会问题、公共问题和政策问题的多种层次。它属于公共政策的学科跨界，还会有政治学、社会学中其他一些跨界融合进去。

第2个是措施的提出，即我只考虑措施与我的问题之间的衔接，忽略任何商业模式和可持续性；只考虑自身有什么，或未来能通过我的资源整合到什么。通过这样的审核，能够切入这个问题的点是什么。

解决此问题有几种类型，包括忽略、缓解，解决这一问题，你能做到何种地步？不要回答我能够完全解决它，因为大部分都是无法做到的。完成这一措施后，我要去开发它可持续性的模式。包括公益基金会的资助，自己成立专项基金；最高阶的可持续性模式，是去构建自身的商业模式。因为完成了从社会问题到市场开发的一个质的飞跃，这一跨度是极具难度的。

最后，是迭代评估和分析。此时需明确的是要做规模化大量的复制，做大而广，还是做小而美，要自行选择。一般框架可分为两部分，第1个部分是社会性构建，第2个部分为可行性构建。目前大量的公益组织和社会组织的项目，基本停留在第1部分，即只完成了社会性的构建。它可能不具备过多的后续跟进，但有些连社会性构建都未能很好地完成。整个工作中，跨学科的知识涌入繁多，可能会遇到各种各样的困难，这其实都是跨学科带来的。

通过这一框架，希望能帮助青年社会创新的小型社会创新项目，去对未来的发展规划做较为专业化的考量。还有一些青年会自我淘汰，甚至是被整个行业淘汰，或是因为坚守不住。可能此前完全未从事过完整的社会创新领域项目，但当他所有的经验沉淀之后，有助于帮他在未来做某些方向上的职业发展规划。比如我列举的第一个还是社会企业家和社会创新者，这是一种。第二，可以做社会投资人，投资是一个非常宽泛的概念，坚持下去便是公益创投。慈善资助、公益创投到影响力投资再到无息贷款，均属于影响力投资的范畴。可以尝试成为这一方面的投资人，及非传统社会组织的从业者，包括企业、基金会、国际性 NGO 以及企业社会部门的从业者，社会创新理论的研究者。目前有大量高校开始着手此方面的研究。最后一项是政策新部门的部员，从事社会创新，未来可有诸多想象和发展的空间。谢谢大家！我是刘欢，谢谢！

主持人：谢谢刘欢老师，再次感谢我们 5 位非常优秀的青年演说家！最后几分钟时间留给杭州青年公益社会组织服务中心理事长王跃军。

‖ 论坛总结 ‖

结　语

衷心感谢大家，坚持到最后的都是我们的铁杆粉丝。我做一个简要的总结。这次参加第五届全国品质公益峰会，昨天也提到了几个“热”字，首先活动前期整个报名的情况就是有 300 多家参加，实际上到会的超过了 400 家。其次，我们今年呈现出来几个新的特点，这一届第一次推出了全国的品质公益奖，品质公益奖报名参评的组织也非常踊跃，共有 2000 多家机构的项目和个人产品，最终我们评出了 50 家。此外，我们今天还有一个特点，你们应该也可以发现，基本上每一届的演讲嘉宾都有一些变化。今年我们在整个程序和内容上进行了创新，在地理位置上面，我们有了清迈的分会场；在整个论坛的构成方式上面，我们有主论坛，也有今天的青年演说家，也有昨天晚上的私享会等各种方式。我们希望给大家提供一些交流分享的机会，尽可能地通过短短的两天时间，给大家增加一些新的接触的机会，或者拓展一些新认识和想法。最后，在这里也要表达自己的几层谢意。

首先我们需要感谢市委、市政府的强力支持，感谢团市委的全力支持，没有相关部门的支持，品质公益峰会也不可能开展到今天。然后要感谢历届以来一直对品质公益峰会给予支持的，来自全国各地的铁杆的志愿服务和公益组织，尤其是我们今天在座的坚持到最后的朋友们，感谢我们的志愿者在这几天给大家提供了非常细心的服务，你们也很辛苦，非常感谢。此外我们也要感谢我们的赞助方中国人寿和支持提供了今天茶歇室的杭州爱馨协会。总之，我们本次峰会在传承的基础上有了新的拓展，不管是在规模上，还是在形式内容上。我真诚地希望我们本届峰会的参与者都能有所收获，当然任何一次会都有一些不尽人意的地方，希望能够得到大家的理解和谅解。

因为面对来自全国各地的 400 多家单位，前期有很多的会议工作要完成，同时在会场期间可能也有各种各样的问题，抑或是突发情况，我们每一个参会单位都有各种各样的诉求。但是作为一个有组织的会议，它必然是有一定的规则的，所以不到位的地方，还希望得到大家的理解，谢谢大家，让我们期待来年再相聚，谢谢！

杭州青年公益社会组织服务中心理事长
王跃军